Dänemark

Jan Scherping, Jahrgang 1961, lebt und arbeitet in Norderstedt. Seit er Dänemark mit sechs Jahren das erste Mal betreten hat, zieht es ihn jedes Jahr aufs Neue mit seiner Familie dorthin.

 Familientipps

 Diese Unterkünfte haben behindertengerechte Zimmer

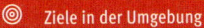 Ziele in der Umgebung

Preise für ein Doppelzimmer mit Frühstück:

€€€€ ab 1500 DKK €€ bis 1200 DKK
€€€ bis 1500 DKK € bis 800 DKK

Preise für ein dreigängiges Menü ohne Getränke:

€€€€ ab 350 DKK €€ ab 150 DKK
€€€ ab 250 DKK € bis 150 DKK

Inhalt

Willkommen in Dänemark — 4

MERIAN-TopTen
Höhepunkte, die Sie sich nicht entgehen lassen sollten 6

MERIAN-Tipps
Tipps, die Ihnen die unbekannten Seiten des Landes zeigen 8

Zu Gast in Dänemark — 10

Übernachten 12
Essen und Trinken 14
grüner reisen 18
Einkaufen 22
Feste und Events 24
Sport und Strände 28
Familientipps 32

◄ Blick auf den idyllischen Christianshavn
Kanal in Kopenhagen (► S. 37).

Unterwegs in Dänemark 34

Kopenhagen 36
Seeland 54
Jütland 62
Im Fokus – Dänen und Deutsche 88
Fünen & südfünische Inseln 90
Im Fokus – Smørrebrød und Pistole . . . 102
Lolland, Falster und Møn 104
Bornholm 110

Jütland

Kopenhagen

Seeland

Bornholm

Fünen und
südfünische
Inseln

Lolland, Falster
und Møn

Touren und Ausflüge 118

Auf dem Heerweg durch Jütland 120
Mit der Margerite durch Jütland 122
Mit dem Fahrrad rund um Fünen 124
Bornholms Norden entdecken 126

Wissenswertes über Dänemark 128

Auf einen Blick 130
Geschichte 132
Sprachführer Dänisch 134
Kulinarisches Lexikon 136
Reisepraktisches von A–Z 138

Kartenlegende 147
Kartenatlas 148
Kartenregister 154
Orts- und Sachregister 156
Impressum 160

✳ Karten und Pläne

Dänemark . . . . Klappe vorne
Bornholm . . . . Klappe hinten
Kopenhagen 38/39
Århus 69

Odense 93
Kartenatlas 148–153
Die Koordinaten im Text verweisen auf
die Karten, z. B. ► S. 149, E 4.

Extra-Karte zum Herausnehmen . . . . Klappe hinten

Willkommen in Dänemark

Wer hier einmal Urlaub gemacht hat, kommt immer wieder. Das gastfreundliche Land bietet Vorzüge auf kleinstem Raum.

Drachen flattern im Wind, Surfer kämpfen sich durch die Wellen, Badende springen in die Nordsee, Fußball und Strandtennis wird gespielt, fröhlicher Lärm überall. Die Fahrt an die dänische Westküste hat sich wieder einmal gelohnt. Am Morgen noch haben wir den einzigartigen Dom von Roskilde besucht, nun wippen wir beim Jazzfestival in Kopenhagen mit. Und nach einer kleinen Fahrradtour sitzen wir vor einer Bornholmer Heringsräucherei und genießen den noch warmen Fisch.

Es sind Erlebnisse wie diese, weshalb Dänemark so viele Anhänger hat. Auf kleinem Raum warten ganz unterschiedliche Attraktionen auf den Reisenden, ein jeder kann seinen Neigungen nachgehen. Strände überall, an der wilden Nordsee und an der ruhigeren Ostsee, mal voller feinstem Sand, mal auch von Autos befahrbar. Spektakuläre Sehenswürdigkeiten wie Kronborg Slot (Hamlet!) oder die vier Rundkirchen auf Bornholm. Großartige Museen wie Louisiana oder ARoS in Århus. Kulinarische Vielfalt vom »pølser« an der Bude bis zum Toprestaurant »Noma« in Kopenhagen. Attraktionen für Groß und Klein wie Tivoli und Legoland. Im Grunde alles eigentlich dicht beieinander. Und wer einfach nur seine Ruhe haben will, wird garantiert auch fündig.

◄ Nahezu unberührte Strände erwarten den Badegast auf der Insel Ærø (► S. 100).

Grünes Musterland

Paradies Dänemark? Nein, Dänemark ist ein ganz normales Land mitten in Europa. Und vielleicht doch ein bisschen besonders. Lange lebte das Land von seinem Ruf, tolerant und entspannt zu sein. Zu Drogen hatte man früher als andere Länder ein großzügiges Verhältnis, die Autos fuhren langsamer, Fähren tuckerten zu den unzähligen Inseln, Wiesen und Felder überall, hässliche Industrieschlote und große Einkaufszentren fehlten, das soziale Netz fing auch die Schwachen auf, alle duzten sich, und die Königin war doch auch so nett. Herrlich.

Doch Dänemark hat einen gewaltigen Sprung gemacht. Zwar ist die Königin noch immer so nett. Doch die Autos fahren jetzt schneller, Fähren wurden zum Teil durch Brücken ersetzt, Einkaufszentren sind das Stadttor der Großstädte, die Selbstverantwortung des Einzelnen ist zunehmend gefordert. Europas schärfste Einwanderungsgesetze lassen das Bild vom toleranten Dänemark verblassen? Hölle Dänemark? Nein, Dänemark ist ein modernes Land, das gerade seine fortschrittliche Rolle wiederfindet und sich als grünes Musterland etablieren will. Der CO_2-Ausstoß soll drastisch reduziert werden, regenerative Energie intensiv gefördert werden, Ökoware zur Normalität werden, Radfahrern und öffentlichem Nahverkehr mehr Platz eingeräumt werden – wer Spaß am Autofahren, an Dickmachern oder Rauchen hat, soll diesen verlieren. Der respektvolle Umgang mit unserem Planeten steht auf der dänischen Tagesordnung ganz oben. Das spürt der Besucher auch, überall wird er zum umweltgerechten Verhalten aufgefordert, kann Ökolebensmittel in enormer Breite kaufen oder sich herrlich ausgebauter Radwege erfreuen. Ein Aufenthalt in Dänemark ist auch heute noch etwas Besonderes.

Offen und herzlich

Das liegt zum einen natürlich an den dort lebenden Menschen, die noch immer von großartiger Offenheit und Herzlichkeit sind. Sie freuen sich über Touristen, zumindest solange diese die geltenden Regeln einhalten. Das Geheimnis dieses Landes entdeckt man vermutlich, wenn man auf eine Stereoanlage von Bang & Olufsen, auf eine Thermoskanne von Stelton oder die Mode von RedGreen oder Sand schaut. Diese Gebrauchsgegenstände sind in Form und Funktion einfach und klar und zugleich von höchster Qualität und wahrem ästhetischen Genuss.

Freundlichkeit, Klarheit und Qualität, das macht Dänemark aus. Kombiniert mit der Unzahl unterschiedlichster Attraktionen mag hier der Grund für die vielen Stammgäste liegen. Für Menschen, denen eine Träne aus dem Auge rollt, wenn sie ein letztes Mal vor der Heimreise in Skagen ihre Füße gleichermaßen in Nord- und Ostsee halten. Wenn in Henne Strand das Surfbrett auf das Auto geschnallt wird, der »Cykelsti« plötzlich wieder Radweg heißt oder die Fähre Bornholm am Horizont verschwinden lässt. Viele Länder sieht man nur einmal im Leben. Dänemark-Urlauber kommen immer wieder.

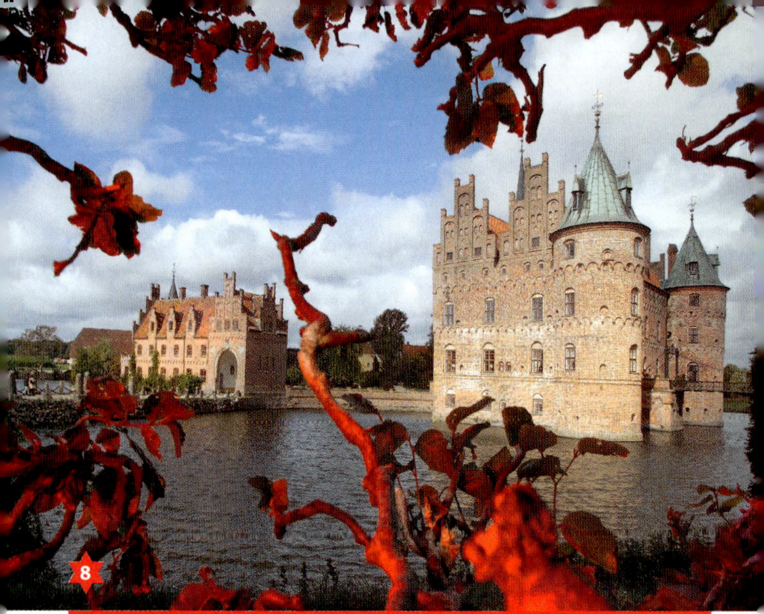

MERIAN-TopTen

MERIAN zeigt Ihnen die Höhepunkte des Landes: Das sollten Sie sich bei Ihrem Besuch in Dänemark nicht entgehen lassen.

1 Tivoli, Kopenhagen
Das Vorbild aller Vergnügungsparks, auch heute noch ein kurzweiliger Zeitvertreib (▸ S. 33, 45).

2 Kronborg Slot, Helsingør
Hier mussten die Schiffe früher ihren Zoll bezahlen, heute wandelt man durch beeindruckende Räume (▸ S. 55).

3 Louisiana Museum, Humlebæk
Das Museum für moderne Kunst genießt einen hervorragenden Ruf (▸ S. 56).

4 Domkirke, Roskilde
In der ehemaligen Hauptstadt finden die Regenten Dänemarks ihre letzte Ruhe (▸ S. 60).

5 Grenen, Skagen
Mit einem Bein steht man in der Nordsee, mit dem anderen bereits in der Ostsee (▸ S. 67).

6 ARoS, Århus
Århus ist zu Recht stolz auf sein neues Kunstmuseum, eine tolle Sammlung in einer bemerkenswerten Architektur (▸ S. 68).

 Legoland, Billund
Spaß für Groß und Klein.
Beeindruckend, was man
aus den bunten Plastik-
klötzchen so alles bauen
kann (▸ S. 78, 82, 122).

 Egeskov Slot, Svendborg
Es gibt ein großes Wasserschloss zu bestaunen,
dazu ein Oldtimermuseum
und ein Labyrinth (▸ S. 97).

 Møns Klint
Am schönsten glänzen sie
im Morgenlicht: die mäch-
tigen Kreidefelsen – außerdem hält sich dann der Tru-
bel in Grenzen (▸ S. 108).

 Hammershus, Bornholm
Wer einst die Burg besaß,
beherrschte die Insel.
Später nutzten sie die
Bornholmer als Steinbruch
(▸ S. 113, 126).

MERIAN-Tipps Mit MERIAN mehr erleben. Nehmen Sie teil am Leben des Landes und entdecken Sie Dänemark, wie es nur Einheimische kennen.

1 Svinkløv Badehotel
Das Hotel an der wunderschönen Jammerbucht, inmitten der Dünen gelegen, ist einfach, aber äußerst gemütlich (▸ S. 13).

2 Malling og Schmidt, Risskov
Ungewöhnliche Zutaten, ein experimentierfreudiger Koch und begeisterte Gäste (▸ S. 16).

3 Volden, Århus
Die kleine Straße im beschaulichen Latinerkvarter bietet höchst originelle Läden (▸ S. 23).

4 Kopenhagen Jazzfestival
Zehn Tage lang klingen Dixie und Modern Jazz in den Straßen und Sälen der Hauptstadt (▸ S. 25).

5 Café Sommersko, Kopenhagen
Ein Dauerbrenner, gutes Essen zu akzeptablen Preisen und immer gut besucht (▸ S. 53).

6 Hjejlen, Silkeborg
Eine Fahrt mit dem ältesten Raddampfer der Welt ist ein wirkliches Erlebnis (▸ S. 74).

 Låsby Kro

Wer den typischen Landgast-hof aus Omas Zeiten sucht, findet ihn hier (▸ S. 75).

 Brandts Klædefabrik, Odense

In der alten Textilfabrik sind heute verschiedene Museen eingerichtet, da-runter das sehenswerte Medienmuseum (▸ S. 94).

 Nyord

Die autofreie Insel nördlich von Møn wird von Natur-freunden sehr geschätzt (▸ S. 108).

 Bornholms Brand Park

Ein paar Stunden an Däne-marks kleinster Trabrenn-bahn bieten viel Vergnügen, günstige Zockerei und viel-leicht ein paar Kronen Gewinn (▸ S. 113).

Sand und Dünen, so weit das Auge
reicht: Der Strand bei Liseleje im Norden
Seelands (▶ S. 54) ist ideal zum Baden,
Sonnenbaden oder Spazierengehen.

Zu Gast in **Dänemark**

Landgasthof oder Luxushotel, »Pølser« oder »Smørre-
brød«, Keramik oder Designerstuhl, Radeln oder
Golfen, Legoland oder Haifischbecken – Urlaub in
Dänemark erfüllt einfach jeden Wunsch.

Übernachten

Das ganze Land ist recht gut bestückt mit Ferienhäusern, Hotels und Landgasthöfen, »kroer« genannt. Ferienhäuser sollte man jedoch weit im Voraus buchen.

◄ Wer Ruhe und Erholung sucht, wird von einem Ferienhaus auf Jütland (▶ S. 62) begeistert sein.

Hotels spielen für Dänemark-Urlauber keine so große Rolle wie in anderen Ländern. Stattdessen prägen Sommerhäuser, Campingplätze oder auch kleinere Pensionen die dänische Urlaubslandschaft.

Dies allein mit finanziellen Aspekten zu begründen wäre sicherlich nicht richtig. Denn längst haben auch dänische **Ferienhäuser** Preise erreicht, die den Normalverdiener mitunter erschaudern lassen. Da werden in der Hochsaison an der jütischen Westküste mindestens 1000 € pro Woche verlangt, Luxushäuser (mit Sauna, Solarium, Whirlpool, Schwimmbad) für 1750 € pro Woche sind keine Seltenheit.

Auch wer längere Zeit auf einem der ca. 520 **Campingplätze** bleiben möchte, sollte sich rechtzeitig um einen Stellplatz kümmern. Aufgeteilt sind die Campingplätze in fünf Kategorien (Sterne), fünf Sterne versprechen dabei den größten Luxus.

Gemütliche Landgasthöfe

In der Kette »Dansk Kroferie« haben sich derzeit **Landgasthöfe** zusammengeschlossen, die mittels Schecksystem vergünstigte Übernachtungen in zumeist schöner ländlicher Umgebung anbieten. Damit auch Menschen, die in Städten übernachten wollen, an diesem System partizipieren können, hat man sich mit den Ketten »City Hotels« und »Classic Hotels« zusammengeschlossen.

Dänische **Hotels** sind meist sehr schlicht und funktional eingerichtet, hier erwartet man keine Urlauber, sondern eher Geschäftsreisende.

Und weil diese während der Sommermonate ausbleiben, senken die Hotels dann auch spürbar die Preise. Die meisten Häuser, selbst die teureren, statten ihre Zimmer nur mit Bett, Schreibtisch und Fernseher aus. Die Badezimmer gleichen zuweilen eher Nasszellen. Saunalandschaften sind selten. Das Frühstück ist in aller Regel auch recht standardisiert. Im Großraum Kopenhagen sind allerdings in den letzten Jahren einige vorzügliche Häuser hinzugekommen, hier entspricht das Angebot internationalem Standard.

Empfehlenswerte Hotels und andere Unterkünfte finden Sie bei den Orten im Kapitel ▶ **Unterwegs in Dänemark.**

Preise für ein Doppelzimmer mit Frühstück:

€€€€ ab 1500 DKK	€€ bis 1200 DKK
€€€ bis 1500 DKK	€ bis 800 DKK

MERIAN-Tipp

SVINKLØV BADEHOTEL

▶ S. 148, C 2

So ein richtig typisches klassisches Badehotel, einfach, aber gemütlich und liebevoll eingerichtet. Die Zimmer sind teilweise ohne Bad, die Küche ist sehr gut, und den Gast erwartet eine traumhafte Lage mit Blick auf Dünen, Strand und Nordsee. Das Haus hat viele, viele Stammgäste, reservieren Sie also so früh wie nur möglich. Bei längerem Aufenthalt gibt es sogar 5–10 % Rabatt. Svinkløv, Svinkløvvej 593 • Tel. 98 21 17 02 • www.svinkloev-badehotel.dk • Mitte April–Sept. • €€€

Essen und Trinken

Der französische Einfluss ist nach wie vor spürbar. Einen sensationellen Erfolg hat die neue nordische Küche zu verzeichnen, ein Dauerbrenner ist das »Smørrebrød«.

◄ Im Bistro Boheme (▶ S. 51) in Kopenhagen regiert französische Küche mit asiatischer Note.

Der Schriftsteller Siegfried Lenz hat in einer Erzählung einmal sehr treffend beschrieben, wie er als Gast am dänischen Kaffeedurst gelitten hat. Spät war es, längst wollte er ins Bett, und immer wieder und ungefragt gossen seine Gastgeber Kaffee nach. Nicht ohne die Aufforderung, doch beim nächtlichen Kuchenessen ordentlich zuzulangen. Und das nach einem opulenten Abendbrot.
Die Dänen essen gerne, reichlich und gut. Begonnen wird morgens mit dem »morgenmad«, dem Frühstück, das sich nicht von dem uns bekannten unterscheidet. Gegen Mittag dann vielleicht schon der Höhepunkt des Tages, das »smørrebrød«. Eine dünne Scheibe Brot, darauf ein großes Salatblatt und darauf vielleicht Lachs oder Krabben, Pastete oder Roastbeef oder irgendetwas anderes, darauf entsprechend noch Zwiebeln, Sahne oder Preiselbeeren, vielleicht auch alles und noch viel mehr zusammen. Der Fantasie sind keinerlei Grenzen gesetzt. Entstanden sind diese Brote vor gut 100 Jahren als Grundlage für das vormittägliche Bier im Kopenhagener Lokal von Oscar Davidsen. Wer heute die volle Pracht des in der ganzen Welt berühmten »smørrebrøds« genießen will, sollte zu dessen Ursprüngen zurückkehren: in das Restaurant Ida Davidsen in Kopenhagen (▶ S. 51). Ein allerdings nicht ganz preiswertes Vergnügen.

Fleisch oder lieber Fisch?
Gab es mittags »frokost«, gibt es abends »middag«. Auch wenn Fleisch mit Sauce jahrzehntelang die dänische Küche geprägt hat, so isst man heute doch sehr viel gesundheitsbewusster. Zumal der Staat besonders fetthaltige Lebensmittel extra besteuert.
Immer und überall gibt es selbstverständlich Fisch. Aber wo sonst sollte man ihn auch so frisch und günstig bekommen? In kleineren Hafenstädten kann man mitunter direkt zum Kutter gehen und den Fisch von Bord kaufen. Die gängigsten Sorten sind Hering, Makrele, Aal, Scholle, Lachs, Dorsch und Seewolf.
Essengehen ist in Dänemark nicht gerade billig. Dabei sind die Essenspreise mitunter noch ganz verträglich, doch durch die hohe Besteuerung des Alkohols summiert sich die Rechnung manchmal zu recht stolzen Höhen. Eine Alternative sind die Restaurants der Kaufhäuser, wo man eine schnelle und dennoch gute Küche zu moderaten Preisen genießen kann. Achten Sie insbesondere auf das Tagesgericht, »dagens ret«. Zum günstigen Festpreis servieren viele »kroer« auch das »Dan Menu«, das eine dreigängige Mahlzeit samt Getränk beinhaltet.
Waren gestern noch die spanische und die Molekular-Küche gefragt, boomt derzeit die etwas preisgünstigere französische Bistroküche. Die Mischung aus dänischer und französischer Küche ist in der Spitzengastronomie am häufigsten vertreten. Die gehobene italienische Küche etwa hat sich in Dänemark nicht so durchsetzen können wie im deutschsprachigen Raum. Meistens bedeutet italienische Küche in Dänemark Spaghetti und Pizza. Einige Restaurants haben die nordische Küche entdeckt, mischen isländische Pflan-

MERIAN-Tipp **2**

MALLING OG SCHMIDT

▶ S. 149, E 4

Was das hochgelobte »Noma« in
Kopenhagen ist, ist »Malling og
Schmidt« in Jütland: ein strenger
Verfechter der nordischen Küche.
Entsprechend ungewöhnlich erscheinen zuweilen die Zutaten.
Die Küche experimentiert gerne,
wagt sich an ausgefallene Kombi-
nationen – und begeistert. Drei
Menügrößen stehen zur Auswahl, was serviert wird, entschei-
det die Küche. Außergewöhnlich,
teuer und einmalig.
Risskov, Grenåvej 127 • Tel.
86 17 70 88 • www.malling
schmidt.dk • Di–Sa 6–24 Uhr •
€€€€

zen mit norwegischen Fischen und
finnischem Gemüse. Was den einen
suspekt ist, ist für die anderen ein
unübertreffbarer Hochgenuss.
Wer es sich dann aber doch einmal
leisten mag und richtig essen geht,
dem steht in den Städten, zuweilen aber auch auf dem Lande ein
überraschend vielseitiges Angebot
zur Verfügung. Vor allem Kopenhagen weiß mit absoluter Spitzengastronomie aufzuwarten. Da wechseln Trends und Köche manchmal
schneller, als man schauen kann.

Typisch: die Würstchen-
bude

Für den kleinen Hunger zwischen-
durch gibt es nur eine Alternative:
die Würstchenbude, »pølsevogn«
genannt. Sie finden den Pølserwagen
in aller Regel an strategisch wich-
tigen Plätzen, also am Hafen, in
Rathausnähe, am Markt etc. Dort
können Sie zwischen Würstchen-
zubereitungen verschiedenster Art
wählen. Ob nun ein roter »pølser«
oder der uns farblich vertrautere
»Hot dog«, gebraten oder gekocht,
mit rohen oder gerösteten Zwiebeln, mit oder ohne Gurken, ob mit
Remoulade, Ketchup und Senf oder
oder oder, für jeden Geschmack ist
ein »pølser« dabei. Als Huldigung
an die Neuzeit gibt es an den Würst-
chenbuden auch Hamburger, in
der dänischen Variante »dansk bøf«
genannt.
»Hamburgerryg« hingegen ist ge-
kochtes Kassler, zu dem verschiedene Gemüse und Salzkartoffeln
gereicht werden. Andere landestypi-
sche Gerichte sind unter anderem
Fischfrikadellen, gebratene Scholle
(mit Krabben gefüllt), gekochter
Dorsch mit harten Eiern und Salzkartoffeln, »ribbensteg« (Bauchstück
mit Schwarte) mit Rotkohl und Kartoffeln, »biksemad« (eine Art Resteessen aus Kartoffeln und Fleisch),
der Apfelkuchen aus Äpfeln, Panier-
mehl und Makronen sowie die
berühmte Rote Grütze mit Sahne,
deren dänische Bezeichnung gerne
als Zungenbrecher an ausländischen
Besuchern ausprobiert wird: »rød-
grød med fløde«.
Wer es überhaupt süßer mag, betrete
eine »bageri«. Dort erwarten einen
weniger die großen Obst- und Sah-
netorten als vielmehr viele kleine,
unendlich süße, leckere Teilchen.
Oder aber das berühmte Blätterteig-
gebäck »wienerbrød«.

Nationalgetränk Kaffee

Picknick ist eine Leidenschaft der
Dänen. Machen Sie es ebenso – Brot,

Käse, Hering, Lachs, Frikadellen und Getränke in den Picknickkorb oder die Kühltasche packen, und dann ab auf die nächste Wiese oder an einen der vielen Strände.

Und was wird getrunken? Drei Getränke braucht der Däne: Kaffee, Bier und Aquavit. In kaum einem anderen Land wird so viel Kaffee getrunken wie in dem kleinen Königreich. Trotz des vergleichsweise hohen Preises ist das dänische Bier sozusagen das Nationalgetränk des Landes. Wenn Sie einfach ein »øl« (ausgesprochen »öll«) bestellen, kommt meist ein Bier vom Fass. »Letøl« ist ein Leichtbier mit weniger Alkohol, ein »Elephant« hingegen ist mit 7,2 % ein veritables Starkbier, das eigentlich nur vom Fass schmeckt. Viele Dänen sind des Einheitsbiers von Carlsberg-Tuborg überdrüssig. Sie greifen lieber zu kleineren Minibrauereien, die wie Pilze aus dem Boden geschossen sind, oder zu ausländischen Bieren.

Besonders bekömmlich zu Hering, Käse oder den doch recht fetten Lunchbuffets ist Aquavit, der Kartoffelschnaps mit Kümmelgeschmack. Ihn gibt es in etwas raueren Varianten wie etwa den »Rød Aalborg« oder in milderen Versionen wie »Brøndum Snaps«.

In der gehobeneren Küche wird selbstverständlich Wein getrunken. Auch wenn der französische Wein noch immer als das Maß aller Dinge gilt, so haben gerade die überseeischen Weine in den letzten Jahren viel Zuspruch erhalten. Wein ist in Dänemark vergleichsweise günstig.

Empfehlenswerte Restaurants finden Sie bei den Orten im Kapitel ▶ **Unterwegs in Dänemark.**

Preise für ein dreigängiges Menü:

€€€€ ab 350 DKK	€€ ab 150 DKK
€€€ ab 250 DKK	€ bis 150 DKK

Ida Davidsen (▶ S. 51) in Kopenhagen ist die Wiege der kunstvoll belegten »Smørrebrøder« – eine Köstlichkeit, die hübsch aussieht und satt macht.

grüner
reisen

Wer zu Hause umweltbewusst lebt, möchte dies vielleicht auch im Urlaub tun. Mit unseren Empfehlungen im Kapitel grüner reisen wollen wir Ihnen helfen, Ihre »grünen« Ideale an Ihrem Urlaubsort zu verwirklichen und Menschen zu unterstützen, denen ein verantwortungsvoller Umgang mit der Natur am Herzen liegt.

Auf dem Weg zum grünen Vorzeigeland

Dänemark möchte zum grünen Musterland werden und treibt deshalb alles, was beispielsweise mit ökologischen Lebensmitteln, CO_2-Senkung und regenerativer Energie zu tun hat, kräftig voran. So wird ein landesweites Netz von Tankstellen für Elektroautos errichtet. Dänische Windkraftunternehmen gehören zu den Weltmarktführern. Ökologische Lebensmittel stehen seit Jahren ganz selbstverständlich neben konventionellen. Viele Bauernhöfe betreiben ökologischen Anbau und bieten zudem Ferienaufenthalte. Hotels entwickeln sich nach und nach zu ökologischen Musterbetrieben, und die dänische Regierung hat sehr ehrgeizige Ziele zur Verminderung des CO_2-Ausstoßes. Kein Wunder also, dass die EU-Kommissarin für Klimaschutz mit Connie Hedegaard, Journalistin und Politikerin der Konservativen Volkspartei, eine Dänin ist. Umso schmerzhafter war es für die Dänen, dass 2009 der UN-Umweltgipfel in Kopenhagen zur Blamage wurde und die weltweiten Anstrengungen zum Stopp des Klimawandels zukünftig nicht mit dem Namen der dänischen Hauptstadt verbunden werden.

ÜBERNACHTEN

Kong Arthur
▶ S. 38, b 2

Das Hotel liegt ganz wunderbar an den Kopenhagener Binnenseen und zugleich nahe der Fußgängerzone. Es gehört zur Brøchner-Gruppe, zu der auch Ibsens Hotel, Hotel Danmark und Hotel Fox zählen. Für alle vier Hotels gilt der gleiche grüne Standard: Der Energieverbrauch soll bis 2012 um 25 % gesenkt werden, Lieferanten werden zu CO_2-neutralem Handeln angehalten, Transportwege und Verpackungsverbrauch überprüft, Mitarbeiter zum Thema Energiesparen geschult und Gäste entsprechend informiert. Die Brøchner-Hotels beanspruchen für sich, die erste CO_2-neutrale Hotelkette der Welt zu sein. Das Hotel verfügt über drei Restaurants und ein Spa.
Kopenhagen, Nørre Søgade 11 • Tel. 33 11 12 12 • www.kongarthur.dk • 155 Zimmer • €€

Hotel Guldsmeden
▶ S. 69, b/c 2

In Århus wurde 1999 das erste Hotel der kleinen Guldsmeden-Kette eröffnet. Hier verbindet man moderne technische Ausstattung mit balinesischer Folklore. Man kauft nur erneuerbare Energie ein, nutzt ausschließlich Produkte aus dem ökologischen und fairen Handel, Plastikflaschen sind tabu, der Garten wird mit gesammeltem Regenwasser gepflegt. Und einen Öko-Shop gibt es selbstverständlich auch.
Århus, Guldsmedgade 40 • Tel. 86 13 45 50 • www.hotelguldsmeden.com • 27 Zimmer • €€

Kolkjær
▶ S. 148, C 3

Bauernhof mit ökologischer Tierzucht und großem Gestüt. Zwei große Wohnungen bieten sich für Übernachtungen an. Auf dem Hof kann man Reitunterricht nehmen oder auch sein eigenes Pferd mitbringen, um in der weiten Natur auszureiten.
Frøstrup, Klitvej 140 – Glæde • www.kolkjaer.dk

Livø
▶ S. 148, C 2

Die kleine Limfjordinsel ist frei von Autos und Hunden. Rauchen ist nur an bestimmten Punkten erlaubt. 270 Betten stehen für Übernachtungen zur Verfügung, zehn Menschen leben hier das Jahr hindurch. Es wird ökologische Landwirtschaft und etwas Tierzucht betrieben, biologisch Interessierte können auf geführten Touren Land und Wasser erforschen. www.livo.dk

ESSEN UND TRINKEN

Biom
▶ S. 39, e 2

Die Inhaber wollen Öko-Essen aus der »vegetarischen und langhaarigen Ecke« befreien und plädieren stattdessen für eine »kurzhaarige Öko-Logie«. Und so komponieren sie moderne dänische Küche aus ökologischen und jahreszeitlich geprägten Zutaten. Mittags gibt es kleine Gerichte wie Salate, Sandwiches oder ein Risotto, abends kann man sich sein eigenes zwei- bis viergängiges Menü zusammenstellen. Dazu genießt man Bier, Wein oder Whisky aus ökologischem Anbau.
Kopenhagen, Fredericigade 78 • Tel. 33 32 24 66 • www.biom.dk • Di-Sa 11.30–16 und 17.30–22, Sa, So Brunch 10–14 Uhr • €€

Soupanatural
▶ S. 38, b 1

Das Lokal definiert sich als Suppenküche und Cocktailbar zugleich. Man kann dort frühstücken, ab 11 Uhr eine der herzhaften Suppen verzehren oder nachts einen Cocktail genießen. Sämtliche Zutaten stammen aus Öko-anbau, alle Gerichte (sogar die Cocktails!) kann man mitnehmen, und die Preise entsprechen denen nicht-öko-logischer Gaststätten. Von jedem verkauften Getränk oder Gericht geht übrigens eine Krone an gemeinnützige Organisationen.

Kopenhagen, Guldbergsgade 7 A • Tel. 32 13 17 35 • www.soupanatural.dk • Mo, Di 8–22, Mi, Do 8–24, Fr 8–2, Sa 12–2, So 12–22 Uhr • €€

Gyngen   ▸ S. 69, c 2

Bis zu 60% aller in diesem Lokal verwendeten Rohwaren sind ökologischen Ursprungs. Die Essenspreise sind sehr zivil, abends gibt es ab 21 Uhr oft noch kleinere musikalische Arrangements, für die man extra bezahlen muss, wenn man nach dem Essen noch zuhören möchte.

Århus, Mejlgade 53 • Di 11–14, Mi–Fr 11–17, 18–21, Sa 18–21 Uhr • €

EINKAUFEN
Irma

Irma ist eine Lebensmittelkette, die sich durch ihr sehr breites Öko-Angebot von anderen abhebt. Ob Kaltwaschmittel, Marzipanei oder Tiefkühlgemüse, hier ist alles öko und meist auch etwas teurer. Die Kette ist in Kopenhagen sehr stark vertreten, gut auch im übrigen Seeland, ansonsten aber nur in Odense, Aalborg und Århus.

www.irma.dk

Moshi Moshi Mind

Tee, Bekleidung, Kosmetika und vieles mehr mit ökologischer Grundlage und aus fairem Handel, alles in wertigem nordischen Design. Dazu gibt es z. B. Aromalampen oder Geräte für den Work-out, denn Ziel der Firma ist es, dass der Mensch seine Ruhe und sein Gleichgewicht wiederfindet.

– Kopenhagen, Tullinsgade 24 und Dag Hammarskjölds Allé 40 tv

▸ S. 38, a 5/S. 39, nordwestl. a 2

– Århus, Rosensgade 34 ▸ S. 69, c 2/3

Nørregård   ▸ S. 151, D 6

Großer Bauernhof mit eigener Schlachterei, ökologischem Gemüse und selbst gebackenem Ökobrot. Im hauseigenen Geschäft werden zudem Pflegeprodukte angeboten.

Årup (südl. der Autobahn Kolding–Odense), Nedermarken 0 • www. norregaard-is.dk • Di, Fr 10–17 Uhr

Økoladen   ▸ S. 150, A 5

An der jütischen Westküste gelegener Ökohof, der in seinem Laden u. a. 30 verschiedene Gemüsesorten und Milchprodukte von eigenen Jersey-kühen anbietet.

Ringkøbing, Nørbæk 15, Højmark • www.okoladen.dk

Slagteren v Kultorvet ▸ S. 39, d 3

Eine beeindruckende Auswahl an überwiegend ökologischen Fleisch- und Wurstwaren bietet der Schlachter mit dem Künstlernamen Jens Slagter. Ob Würste nach ungarischen und toskanischen Rezepten oder Grillwürste ohne Farb- und Konservierungsstoffe: Hier sieht alles nicht nur appetitlich aus, sondern schmeckt auch noch hervorragend. Das Angebot umfasst auch Ökoweine.

Kopenhagen, Frederiksborggade 4 • www.kultorvet.dk

AKTIVITÄTEN
Lille Vildmose   ▸ S. 177, E 3

Mit 7600 ha ist Lille Vildmose Dänemarks größtes Naturschutzgebiet. Es

Wer gegenüber vegetarischer Küche Vorurteile hat, wird im Biom (▸ S. 19) in Kopenhagen eines Besseren belehrt: modern, saisonal, kreativ und obendrein gesund.

lässt sich eigenständig zu Fuß oder mit dem Rad sowie auf geführten Touren erkunden, teils sogar mit dem Wagen. Ob Königsadler oder fleischfressende Pflanze, der hiesige Artenreichtum ist einzigartig in Dänemark. Wer mehr über die Geschichte und Natur des Gebiets erfahren möchte, beispielsweise über den Torfabbau, besucht das Lille Vildmosecentret. Man kann hier natürlich auch den Spielplatz und die Grillhütte nutzen, sich einen Film ansehen oder aber die Wildschweine füttern.
Storvorde, Dokkedal, Birkesøvej 16 • tgl. 10–16, Juni–Aug. 10–17 Uhr • Eintritt 60 DKK, Kinder 30 DKK

Kyst til Kyst Stien
▸ S. 178, A 6–S. 179, D 6

120 km lang ist die Wanderung von der Nordsee- an die Ostseeküste. Es geht entlang dreier Flüsse, die aus unterschiedlichen Gründen sehr unter Eingriffen zu leiden gehabt haben und nun wieder in ihren ursprünglichen Zustand gebracht werden sollen. Heide und dichte Wälder wechseln sich in der hügeligen Landschaft ab. Hirsche und Füchse sind ebenso anzutreffen wie Nachtigallen und Eisvögel. Wer sich eine Genehmigung holt, darf auch angeln. Ein Teil der Strecke verläuft entlang einer alten Eisenbahnstrecke. Diese Wanderung zeigt die landschaftliche Vielfalt Jütlands und dokumentiert die Eingriffe des Menschen und deren Reparatur. Dank zahlreicher Parkplätze kann man auch einzelne Abschnitte des Weges als reine Tagestour wählen. Unterwegs gibt es einfache Lagerplätze, Feuerstellen und Wasseranschluss.
http://kyst-kyststien.dk

Einkaufen Dänemark ist teuer, aber wer mit ein wenig Köpfchen shoppt, wird dennoch fündig werden. Dazu verlässt man die großen Einkaufsmeilen oder kommt zum »udsalg« (Ausverkauf).

◄ Ein Besuch im Kopenhagener Einrichtungshaus Illums Bolighus (▶ S. 52) ist sehr verführerisch!

Dänemark gilt allgemein als nicht ganz billiges Urlaubsland. Entscheidend für den Preisvergleich ist allerdings, wo man einkauft. Die dänische Einkaufslandschaft lässt sich jedenfalls in zwei große Kategorien einteilen. Zum einen gibt es landesweite Ketten wie Super Brugsen, Føtex, Bilka oder Kvickly, die gute und frische Qualität zu allerdings auch leicht höheren Preisen anbieten. Zum anderen aber auch Läden wie Fakta oder Netto, die sich als reine Discounter à la Aldi und Lidl (gibt es in Dänemark übrigens auch) verstehen. Hier ist die Auswahl sehr viel eingeschränkter, die Preise sind dafür deutlich niedriger.

Ladenöffnungszeiten

Normalerweise öffnen die Geschäfte um 10 Uhr und schließen um 18.30 Uhr. Am Freitag wird zumeist erst um 19 Uhr geschlossen, am Samstag dafür teilweise schon um 12.30 Uhr. In den Großstädten und den Einkaufszentren auf der »grünen Wiese« ist freitags um 20 Uhr Schluss, samstags um 16 Uhr. Mehrmals im Jahr ist auch die Sonntagsöffnung erlaubt, dann gibt es spezielle Angebote nur für diesen Tag. Geschäfte auf Campingplätzen haben länger geöffnet, oft bis 20 oder gar 22 Uhr, außerdem auch sonntags. Das gilt auch für sogenannte Døgn-Kioske, die in den Großstädten unter Umständen rund um die Uhr, in der Provinz aber meist bis 22 Uhr geöffnet haben und ein kleines Nahrungsmittelsortiment bereithalten. Letzter Ausweg bei Nahrungsmittelknappheit sind die Tankstellen oder Ketten wie »7-eleven«.

Berühmt und begehrt ist dänisches Design, dazu nützlich und äußerst geschmackvoll wie bei Glas, Keramik oder Stereoanlagen. Landesweit vertreten sind dabei »Inspiration« und »Imerco«.

Ein Wort wird der Dänemark-Besucher schnell lernen – »udsalg«. Das bedeutet nichts anderes als Ausverkauf. Und tatsächlich scheint dieses Land ständig im »udsalg« zu sein, manche Geschäfte nehmen die Schilder anscheinend gar nicht erst ab. Dennoch darf man ruhig einen Blick hineinwerfen.

Empfehlenswerte Geschäfte und Märkte finden Sie bei den Orten im Kapitel ▶ Unterwegs in Dänemark.

MERIAN-Tipp

VOLDEN, ÅRHUS   ▶ S. 61, c 2

Die kleine Århuser Straße »Volden« beginnt am Lille Torv. Hier findet man ganz außergewöhnliche Geschäfte: Ob Schmuck, Textilien oder Schuhe, die Waren unterscheiden sich doch deutlich vom Massengeschmack der Fußgängerzone. Sicher, manches Geschäft schließt auch schnell wieder, doch ihm folgt das nächste ungewöhnliche. Dass solch ein besonderes Angebot manchmal auch seinen Preis hat, versteht sich. Mit der parallel verlaufenden Badstuegade sowie den angrenzenden Straßen bildet »Volden« das Latinerkvarter, in dem auch schöne Cafés und gute Restaurants auf Gäste warten.

Feste und Events
Ob Sonnwende, Hafen-
oder Bierfest, Wikingerspektakel oder Rockfestival – in
Dänemark wird gern und häufig gefeiert. Im Sommer ballen
sich insbesondere die Musikfestivals im Freien.

◄ Einen Höhepunkt im dänischen Musik-
jahr stellt das Kopenhagen Jazzfestival
(► MERIAN-Tipp, S. 25) im Juli dar.

MAI
Tag des Meeres, Læsø
Auf Læsø gibt es Fisch satt, geräu-
chert oder frisch, zubereitet von den
Köchen der Insel.
Pfingstsonntag

Classic Race, Århus
Großes Oldtimertreffen mit zahl-
reichen Wettrennen.
Ende Mai

Karneval, Aalborg
Was die Brasilianer können, kann
man in Nordjütland schon lange.
Ende Mai

Ølfestival København
Die Vereinigung der dänischen Bier-
fans veranstaltet in Kopenhagen ein
großes Fest mit zahlreichen Möglichkeiten zum Probieren.
Ende Mai

JUNI
Skive Festival
Aus einem kleinen Strandfest ist ein
richtiges Rockspektakel mit renom-
mierten dänischen Bands geworden.
Anfang Juni

SPOT-Festival, Århus
Dänemarks beste Nachwuchsbands
treten hier auf, und manche große
Karriere begann mit einem Auftritt
bei diesem Festival.
Anfang Juni

Drachenfest, Fanø
Das weltweit größte seiner Art auf
Fanø/Jütland.
Mitte Juni

Riverboat Festival, Silkeborg
Typischer Südstaaten-Jazz füllt die
Straßen der Stadt.
Mitte Juni

Orgelfestival, Odense
Internationaler Orgelwettbewerb.
Mitte Juni bis Ende August

Sommer Jazz, Odense
Großes musikalisches Fest in der
fünischen Metropole.
Mitte Juni

Sankt Hans Aften
Überall im Land wird die Sonnwende gefeiert.
23. Juni

Skagen Festival
Bunte Programmmischung, es stehen sowohl Folk- als auch Rockmusik auf dem Spielplan.
Ende Juni

Wikingerfestspiele, Frederikssund
In Seeland erwacht die Sagaliteratur
zu neuem Leben.
Ende Juni

MERIAN-Tipp **4**

KOPENHAGEN JAZZFESTIVAL
Dänemark besitzt eine große Jazz-
Tradition. Zu diesem Festival kommen große internationale Namen,
für die man bezahlen muss. Und es
gibt zahllose Auftritte nordischer
Künstler in Kneipen und auf Plätzen, für die man wenig oder nichts
bezahlen muss. Die ganze Stadt
swingt zehn Tage lang. Großartig!
Anfang Juli • www.jazz.dk

Wikingerfestspiele, Jels

Ähnlichkeiten mit Frederikssund sind hier in Südjütland beabsichtigt.
Ende Juni/Mitte Juli

Rockfestival, Roskilde

Legendäres Festival mit dänischen und internationalen Größen und meist mit Regengarantie.
Erste Juliwoche

Ringreiter Festival

Brot und Spiele in Åbenrå und kurz darauf in Sønderborg.
Anfang Juli

Internationales Gitarrenfestival, Sonderhø/Fanø

Gitarrenmusik quer durch die Jahrhunderte.
Anfang Juli–Mitte August

Europeade, Horsens

Volksmusik aus aller Herren Länder.
Mitte Juli

Århus Jazzfestival

Nach Kopenhagen können Jazz-Freunde weiter nach Jütland ziehen.
3. Juliwoche

Vendsyssel Festival

Ca. 50 klassische Konzerte an verschiedenen Orten in Nordjütland.
Juli und August

Viborgdage

Unterhaltung rund um Viborgs Hjultorvet.
Jeden Donnerstag im Juli

Ærø Jazzfestival

Traditionsreiches Festival, mit Prominenz aus dem In- und Ausland.
Ende Juli

Kirschfest, Kerteminde

Ein Straßenfest, in dessen Mittelpunkt Leckereien aus dem Garten stehen.
Ende Juli

Langelands Festival

Eines der renommiertesten dänischen Rockfestivals.
Ende Juli

Danmarks Smukkeste Festival, Skanderborg

Populäres Rockfestival in Jütland, äußerst beliebt, weshalb die Karten immer sehr schnell vergriffen sind.
Anfang August

Hirtshals Fiskefestival

Einen Tag lang gibt es Leckerstes vom Fisch, um Mitternacht wird die Veranstaltung mit einem großen Feuerwerk beendet.
Anfang August

Ildfest Regatta, Silkeborg

Riesen-Stadtfest, auf dem die dänischen Meisterschaften im Feuerwerk ausgetragen werden, am lautesten ist es am Samstagabend.
Anfang August

Open Air Opera, Skamlingsbanke

Opern-Fans strömen von weit her zur Skamlingsbanke (südöstlich von Kolding an der Binderup Bugt), um kostenlos unter freiem Himmel feinste Musik zu genießen.
2. Sonntag im August

Korfestival Randers

Mit ca. 1000 Teilnehmern das größte Chorfest in Dänemark.
Mitte August

Woodstock auf Dänisch: Beim Roskilde-Festival (▶ S. 26), zu dem echte Fans mit Zelt und Schlafsack pilgern, treten Superstars wie Björk, Blur oder Metallica auf.

Country Music Festival, Silkeborg

Traditionsreiches Festival, bei dem Top-Musiker aus aller Welt auftreten.
2. Wochenende im August

Randers Woche

Das große Stadtfest, eine Woche wird in der Stadt ausführlich gefeiert, das Thema wechselt von Jahr zu Jahr.
Mitte August

Svendborger Festtage

Sieben Tage voller Vergnügen, ob Musik oder Sport, Vorführungen oder Verkaufsstände.
Mitte August

Europæisk Middelalder Festival, Horsens

Ritter und Burgfräuleins, Gaukler und Handwerker, dazu mittelalterliche Musik und Hochzeit nach damaliger Zeremonie.
Ende August

Tønder Festival

Jazz, Soul und Folklore erster Güte.
Ende August

SEPTEMBER

Århus Festwoche

Skandinaviens größtes Kulturfest bietet u. a. Klassik und Ballett.
Erste Monatshälfte September

Golden Days, Kopenhagen

Großes Fest mit Musik etc. in Erinnerung an das »Goldene Zeitalter«.
Erste Monatshälfte September

Kindertheater-Festival, Horsens

Natürlich ist es schöner, wenn das Kind Dänisch kann – aber viele Stücke versteht man ohne Worte.
Mitte September

Comic-Festival, Kolding

Für Comic-Fans wird die Stadt für ein paar Tage zum Mekka.
Ende September

Sport und Strände
Vor allem Wassersportler werden ihren Spaß haben. An den endlos langen Stränden ist genug Platz, die Tücken von Nord- und Ostsee sollte man aber nicht unterschätzen.

◄ Die Insel Falster (▸ S. 106) ist ein Paradies für Radler, die es gern flach mögen. Anstrengen muss sich hier keiner.

Die Dänen sind sportlich ungemein aktiv, und das scheint auch auf ihre Besucher abzufärben. Kaum ein Urlauber, der nicht wandert oder radelt, sich beim Windsurfen der brausenden Nordsee aussetzt oder in aller Ruhe in einem der vielen Gewässer angelt. Zunehmende Bedeutung gewinnt auch das Golfen, nicht als Elitesportart, sondern als Volkssport. Muss noch betont werden, dass Dänemark eines der reizvollsten Segelreviere Europas ist? Die südfünische Inselwelt um Ærø herum ist im Sommer das Mekka der Segler, die Häfen von Marstal, Svendborg oder Rudkøbing sind dann hoffnungslos überfüllt. In Jütland hingegen ist die Seenplatte um Silkeborg Anziehungspunkt für Kanuten. Bowling ist weit verbreitet, Tennisplätze sind gut zu finden, Squashcourts ebenfalls. Schwimmhallen stehen in jedem größeren Ort. Vereinzelt wird Tauchen angeboten. Und das Nordic-Walking-Fieber hat auch die Dänen gepackt.

Bei all Ihren Aktivitaten sollten Sie allerdings zwei Dinge beachten: Es gilt, sich an gewisse (Spiel-)Regeln zu halten. Und die Natur sollte darunter nicht leiden.

ANGELN

Sowohl rund um die Küste als auch in den zahllosen Bächen und Seen lässt es sich problemlos angeln. Auf den Haken können Sie dabei u. a. Dorsch, Aal, Forelle, Lachs und Barsch bekommen.

Zu den besten Revieren gehört die Insel Langeland. Dort gibt es in Spodsbjerg auch einen 20 000 qm großen Salzsee, was sicherlich für all die, die langsam einsteigen oder es ruhiger haben wollen, eine ideale Alternative zum Hochseeangeln ist. Auch das Seengebiet um Silkeborg (Jütland) bietet hervorragende Möglichkeiten. Infos finden Sie unter www.silkebord-fiskeriforening.dk oder www.angling-eastjutland.dk.

Wer eher der Küstenfischerei anhängt und auf Fünen Meerforellen angeln möchte, sollte sich zuvor das Buch »Meerforellenführer Fünen« zulegen: Es beschreibt über 100 geeignete Angelplätze. Dieses Buch sowie weitere aktuelle Informationen gibt es unter www.seatrout.dk.

In allen größeren Häfen finden Sie auch Angebote für das Hochseeangeln.

Erkundigen Sie sich vor Ort beim Touristenbüro nach geeigneten Plätzen. Dort erfahren Sie auch, wo Sie den Angelschein erhalten, den Sie zumindest dann benötigen, wenn Sie zwischen 18 und 67 Jahre alt sind.

FAHRRAD FAHREN

Als Radlerparadies kann es mit Dänemark wohl höchstens Holland aufnehmen. Die Landschaft ist abwechslungsreich, hügelig, aber nur selten wirklich anstrengend. Das Vorurteil vom »flachen Dänemark« bestätigt sich allerdings nur auf Lolland und Falster. Schon Møn ist anspruchsvoller. Das gilt auch für Fünen und Langeland, beide Inseln sind seit Jahren mit die beliebtesten Radlerdomizile. Wem es in erster Linie auf die Landschaft ankommt, der ist dort wohl auch besser aufgehoben als auf Seeland, das sehr viel städtischer ist. Doch sollte man sich nicht vor den Stadtkernen selbst von

Roskilde oder Kopenhagen scheuen. Der Status der Radler in Dänemark ist außerordentlich hoch, es wird sehr viel Rücksicht genommen. Zudem sind die Radwege hervorragend ausgebaut und ausgeschildert. Das gilt auch für Jütland, wo die Ostküste mit einigen Steigungen herausfordert. An der flachen Nordseeküste wird der kräftige Wind für viele zum Problem. Dem wird man auch auf Bornholm nicht immer ausweichen können. Das hervorragend ausgebaute Radwegenetz macht jedoch das Radeln auch dort zum Vergnügen. Außerdem hat man die Wahl zwischen dem flachen Süden und dem etwas anspruchsvolleren Norden.

GOLF

Ist der Golfsport bei uns immer noch vorwiegend einer zahlungskräftigen Minderheit vorbehalten, so wird er in Dänemark mehr und mehr zum Volkssport. Über 100 Plätze verteilen sich quer über das Land, von Tinglev und Tønder im Süden bis hinauf nach Skagen, vereinzelt auf Fünen, dicht an dicht in Nord-Seeland. Gastspieler müssen zu Hause Mitglied in einem Golfclub sein und ihren Mitgliedsausweis vorzeigen. Teilweise ist auch ein Handicap vorgegeben (zwischen 36 und 54). Weitere Informationen erhalten Sie über einen Golf-Prospekt des Dänischen Fremdenverkehrsamtes (▸ Auskunft, S. 139) sowie bei den jeweiligen Touristenbüros vor Ort.

KANU UND KAJAK

Das dänische Kanuparadies heißt Gudenå, ist der längste Fluss des Landes und zieht sich durch das Hochland im jütischen Norden.

Der Fluss durchläuft auch die Silkeborger Seenplatte. Die Region ist so beliebt, dass es im Sommer hier nicht gerade ruhig ist. Doch die Mischung aus Anfängern und Profis, Einzelkämpfern und Familien sorgt für eine entspannte Stimmung.

REITEN

Viele Bauernhöfe bieten das Ausleihen von Pferden oder gar Reitunterricht an. Die eher ländliche Prägung weiter Teile Dänemarks macht diesen Sport dann auch zum Vergnügen. Weitgehend ungestört kann man inmitten herrlichster Natur zu Pferde unterwegs sein.

Bakkegård Rideskole

Reitschule, die allerdings während der dänischen Sommerferien (Ende Juni–Anfang Aug.) keine Ausritte für Touristen anbietet.
Tranekær, Langeland, Frellesvigvej 6 • Tel. 40 89 09 73 • www.bakkegaard-ridelejr.dk

Meldgaard Heste

Reitcenter ca. 40 km nördlich von Viborg mit geführten Touren, Shop und Spielplatz sowie Kanuverleih.
Grønnerup, Farsø, Sjørupvej 13 • www.meldinfo.dk

Stutteri Bækgård

Ausritte auf Isländern in Kleingruppen bis zu vier Personen.
Skanderborg, Horsensvej 113 • Tel. 86 53 86 08 • www.stutteri baekgaard.dk

WINDSURFEN

Dänemark wirbt mit einer Küste von 7500 km Länge. Die schönsten Reviere findet man rund um Fünen, Ærø und Langeland, an Seelands

Nordküste und an der jütischen Nordseeküste. Besonders reizvolle Gebiete sind in Jütland der Ringkøbing Fjord und der Limfjord, als Surfer-Mekka gilt die Jammerbucht.

STRÄNDE

Für die »Wasserratten« stehen in Dänemark rund 5000 km Badeküste zur Wahl. Im Westen Jütlands erstrecken sich haushohe Dünen, und in der Brandung macht es enorm viel Spaß herumzutoben. Die Nordsee ist allerdings nicht ganz ungefährlich, besonders wenn man mit Luftmatratzen oder anderen Hilfsmitteln die Wellen bezwingen will. Für Familien mit kleinen Kindern kommen eher die seichten Ostseestrände für einen Badeurlaub in Betracht. Sand gibt es überall, von feinkörnig bis steinig.

Bornholm   ▸ Klappe hinten, e/f 6

Der Bornholmer Strand zieht sich rund um die Südspitze. Er beginnt an der Ostküste südlich von Nexø bei Balka und endet erst kurz vor Rønne im Westen. Bekanntester Ort ist Dueodde, zugleich die Südspitze der Insel. Nördlich von Rønne gibt es auch noch ein kleines Stück Strand, ebenso ganz im Norden in Sandvig.

Falster   ▸ S. 152, C 12

Ein sehr guter, steinloser Strand zieht sich von Gedser an der Ostküste bis ungefähr Höhe Horbelev hoch.

Fünen und südfünische Inseln   ▸ S. 151, E/F 6

Sehr guter Strand nördlich und südlich von Nyborg. Ebenso an der Nordküste zwischen Bogense und Båring sowie zwischen Agernes und Østerballe. An der Westküste besonders nördlich von Assens.

Auf Langeland ist der Strand von Ristinge im Süden hervorzuheben. Im Norden der Insel gibt es bei Lohals gute Bademöglichkeiten.

Auf Ærø befindet sich am Nordrand von Ærøskøbing der Vesterstrand, weitere Badeplätze findet man an der Nordwestküste auf Höhe Søby und im Süden bei Rise Mark.

Jütland – Die Ostküste   ▸ S. 149, E 1–S. 150, C 7

Praktisch von Åbenrå bis hoch nach Skagen gibt es hervorragende Strände. Besonders schön ist der Strand südlich von Århus und nördlich bzw. südlich der Limfjord-Mündung. Djursland bietet hervorragende Strände im Norden bei Fjellerup und Bønnerup Strand.

Jütland – Die Westküste   ▸ S. 150, A 7–5

Die Westküste von Rømø besitzt einen herrlichen breiten Strand. Nördlich von Esbjerg beginnt dann ein einmalig langer und breiter Strand bis hinauf nach Skagen.

Lolland   ▸ S. 152, A/B 12

Von Rødby Havn die Südküste entlang bis ins westliche Kappel erstreckt sich ein feiner Strand.

Møn   ▸ S. 153, D 11

Der Strand ist nicht ganz so überragend. Südlich von Harbølle präsentiert sich ein doch recht steiniger Sandstreifen, schön ist er allerdings auf der nördlichen Landzunge Udby.

Seeland   ▸ S. 153, D 9/10–S. 152, C 9

Die schönsten Strände gibt es zwischen Helsingør und Hundested sowie Helsingør und Kopenhagen.

Familientipps
Wenn es ein Urlaubsparadies für Kinder gibt, dann ist es Dänemark – Eltern können aufatmen. Vergnügungsparks, Zoo, Aquarien und Museen sorgen für Abwechslung und Kurzweile.

◄ Höher geht's nimmer! Im Vergnügungspark Fårup Sommerland (▶ S. 33) ist Langeweile ein Fremdwort.

Energiemuseet   ▶ S. 149, D 4

Wie wird Strom erzeugt? Wie viel Energie ist notwendig, um eine Glühbirne zum Brennen zu bringen? Wie haben all die berühmten Physiker gearbeitet? Fragen, die das Museum beantwortet. Überall können Kinder auf Knöpfe drücken, selbst experimentieren, sich wie kleine Forscher bewegen. Sonnenenergie, Windkraft und Klimawandel sind weitere Themen. Daneben steht passenderweise Dänemarks größtes Wasserkraftwerk Gudenaacentralen.
Tange (nördl. von Silkeborg, Jütland), Bjerringbrovej 44 • www.elmus.dk • Ostern–Okt. tgl. 10–17 Uhr • Eintritt 80 DKK, Kinder frei

Fårup Sommerland   ▶ S. 149, D 2

Wie Pilze aus dem Boden schossen in den letzten Jahren Vergnügungsparks unter dem Namen »Sommerland«. Es gibt sie u.a. in Djursland, Südjütland und auf Fünen. Der größte ist derjenige an der Nordseeküste zwischen Blokhus und Løkken (bei Saltum).
Im Sommerland können Kinder mit verschiedensten Autos und Booten fahren, auf Pferden reiten, Minigolf spielen oder mit dem Gruben-Express achterbahnähnliche Gefühle erleben. Im angeschlossenen Aquapark sorgen riesige Wasserrutschen für ein feuchtfröhliches Spektakel. Die Rutschen sind bis zu 130 m lang. Für ganz Kleine gibt es entsprechende Becken und Rutschen.
Saltum, Pirupvejen 147 • www. faarupsommerland.dk • Mitte Mai–

Anfang Sept. tgl. ab 10 Uhr, im Mai, Juni, Mitte Aug.–Anfang Sept. meist bis 17 oder 18 Uhr, Juli bis 20 oder 21 Uhr • Eintritt 205 DKK, Mitte Juni–Anfang Sept. 230 DKK

Givskud Zoo
▶ Jütland, S. 82

Jernbanemuseet   ▶ S. 93, b 1

Das 1998 erweiterte Eisenbahnmuseum in Fünens Hauptstadt Odense liegt unmittelbar hinter dem Hauptbahnhof. Es ist eines der schönsten Museen seiner Art in ganz Skandinavien, untergebracht in einem halbrunden Lokschuppen. Hier stehen historische Züge und Waggons, teilweise inmitten zeittypischer Umgebung. Die nostalgisch-schönen Waggons können ebenso bestiegen werden wie die Züge, die neben dem Museumsgebäude stehen. Höhepunkt sind die Salonwagen der Könige mit viel Plüsch. Eine große Modellbahnanlage ist ständig in Betrieb. Modelle wichtiger Eisenbahnfähren gehören ebenso zu dieser eindrucksvollen Schau wie Shop mit Souvenirs und eine Cafeteria.
Odense, Dannebrogsgade 24 • Tel. 66 13 66 30 • tgl. 10–16 Uhr • Eintritt 60 DKK, Kinder 24 DKK

Legoland 7
▶ Jütland, S. 82

Randers Regnskov
▶ Jütland, S. 73

Tivoli 1
▶ Kopenhagen, S. 45

👫 Weitere Familientipps sind durch dieses Symbol gekennzeichnet.

Das dänische Pendant zu Rügen: Møns Klint (▶ S. 108), die berühmten Kreidefelsen von Møn, ziehen jährlich unzählige Besucher in ihren Bann.

Unterwegs
in Dänemark

Weißstrandige Meeresküsten und vorgeschichtliche Stätten, prachtvolle Schlösser und malerische Dörfer, nette Menschen – Dänemark hat viele Facetten.

Kopenhagen
Die Hauptstadt ist tatsächlich der Mittelpunkt des Landes: Königsfamilie, Regierung und ein Drittel aller Dänen wohnen hier. Die Metropole beeindruckt zudem mit großartigen Sehenswürdigkeiten.

◄ Cafés und Restaurants säumen den Nyhavn (▶ S. 48), Kopenhagens gastronomischen Mittelpunkt.

Kopenhagen   ▶ S. 153, D 10

500 000 Einwohner
Stadtplan ▶ S. 38/39

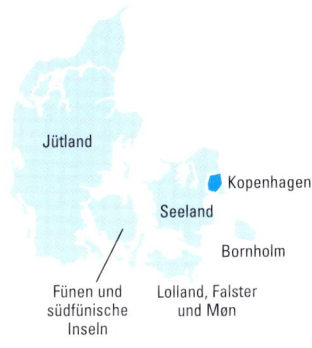

Jütland

Kopenhagen

Seeland

Bornholm

Fünen und
südfünische
Inseln

Lolland, Falster
und Møn

Dänemarks Hauptstadt besitzt ein einmaliges Flair: Die ganze Stadt scheint ständig in Bewegung zu sein, dennoch wirkt Kopenhagen nie hektisch. Toleranz wird an jeder Ecke spürbar, Weltläufigkeit und gleichwohl die Sehnsucht nach Geborgenheit. Aus allen Ecken der Erde strömen im Sommer die Besucher in die Stadt, pilgern zum Tivoli, zur Kleinen Meerjungfrau, durch den Strøget (die Fußgängerzone), in eines der zahlreichen Museen und wandern einfach durch die Gassen der Stadt. Wie oft man auch in diese Stadt kommt, immer wieder entdeckt man Neues.

Kopenhagen wurde erstmals im Jahr 1026 erwähnt, damals noch als »Hafn« (»Hafen«). Zu diesem Zeitpunkt waren andere Städte wie Roskilde, Nyborg oder Viborg noch viel bedeutender. Doch dank seiner günstigen Lage wurde Kopenhagen im 14. Jh. zur Hauptstadt ernannt. In der Folgezeit war die Stadt oft belagert, Schweden und Engländer zogen Kopenhagen in Mitleidenschaft, und was sie nicht erledigten, schafften Pest und Brände.

Dennoch hat sich Kopenhagen ein sehr sehenswertes historisches Zentrum erhalten. Am Hafen und in den Außenbezirken ist es allerdings zu einem rasanten Modernisierungsschub gekommen. Die Region rings um Kopenhagen und Malmö wächst nämlich gewaltig. Der Besucher bemerkt das nicht nur an der breiter gewordenen Straßen, sondern z. B. auch an der Metro, die seit einigen Jahren in der City verkehrt. Und dennoch ist Kopenhagen im Vergleich zu anderen Hauptstädten wie London oder Paris noch immer frei von Hektik.

SEHENSWERTES
Alexander Newskij Kirke
▶ S. 39, e 2

Eine der auffälligsten Kirchen der Stadt, denn wer erwartet hier schon Zwiebeltürme? Sie gehören zur zwischen 1881 und 1883 erbauten russisch-orthodoxen Kirche. Ins Leben rief den Bau Maria Feodorovna, besser bekannt als Dagmar, Tochter von König Christian IX., die mit dem Zaren Alexander III. verheiratet war. Bredgade 53

Amalienborg   ▶ S. 39, e/f 3

Hier wohnt noch heute die königliche Familie! Bis 1689 stand an dieser Stelle ein kleineres Schloss, das Sophie Amalie errichten ließ und welches nach ihr Sophie Amalienborg benannt wurde. Nachdem der Bau durch einen Brand dem Erdboden gleichgemacht wurde, entstanden hier ab 1750 vier Rokoko-

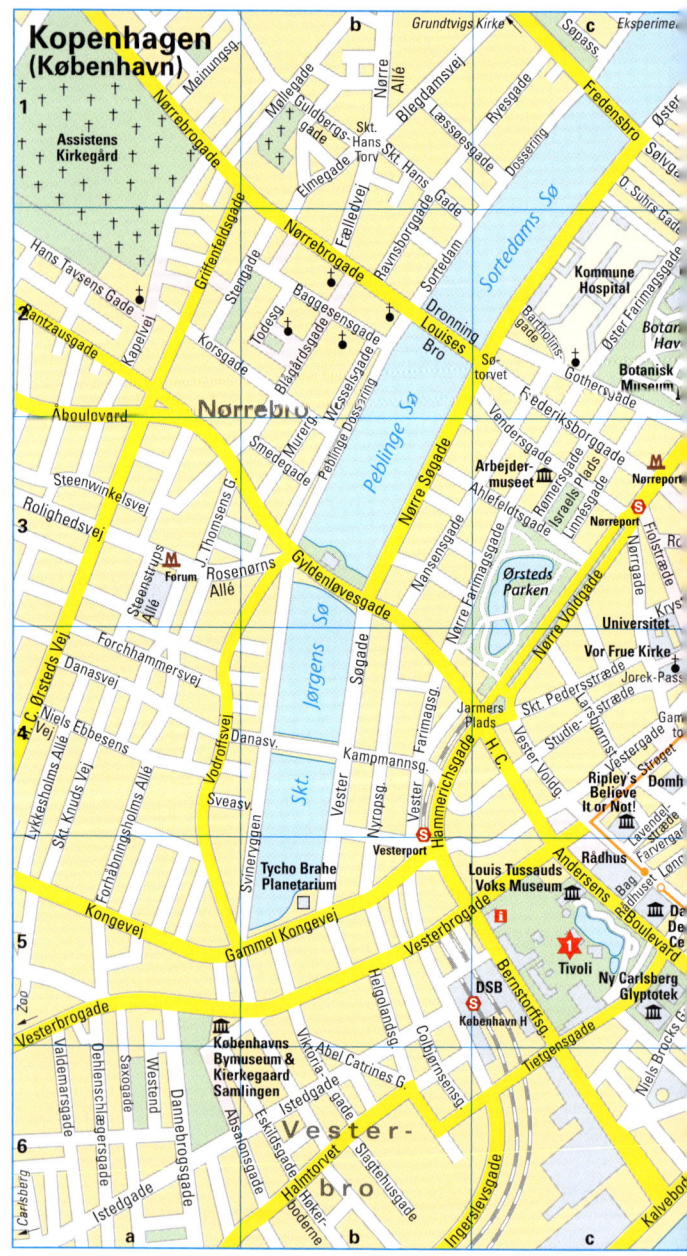

Kopenhagen (København)

Assistens Kirkegård

Grundtvigs Kirke

Eksperime

Søpass

Fredensbro

Øster

O. Suhrs Gade

Sortedams Sø

Kommune Hospital

Botani Hav

Botanisk Museum

Meinungsg

Norrebrogade

Mollegade

Guldbergs-gade

Skt. Hans Torv

Norre Allé

Blegdamsvej

Læssøesgade

Ryesgade

Sølvg

Øster Farimagsgade

Elmegade

Fælledvej

Skt. Hans Gade

Havnsborggade

Sortedam

Dosseringen

Bartholins gade

Gothersgade

Hans Tavsens Gade

Nørrebrogade

Sandtzausgade

Griffenfeldsgade

Kanelvej

Stengade

Todesg

Baggesensgade

Blågårdsgade

Wesselsgade

Korsgade

Nørrebro

Dronning Louises Bro

Sø-torvet

Frederiksborggade

Åboulevard

Smedegade

Murerg.

Peblinge Dosseringen

Nørre Søgade

Vendersgade

Remsensgade

Israels Plads

Nørreport

Steenwinkelsvej

Rolighedsvej

J. Thonsens G.

Peblinge Sø

Nansensgade

Ahlefeldtsgade

Limnsgade

Nørreport

Nørreport

Flolstræde

Ro

Arbejder-museet

Forum

Rosenørns Allé

Steenstrups Allé

Gyldenløvesgade

Nørre Farimagsgade

Ørsteds Parken

Nørre Voldgade

Universitet

Krys

Forchhammersvej

Danasvej

Jørgens Sø

Søgade

Vor Frue Kirke

Jorck-Pass

C. Ørsteds Vej

Niels Ebbesens Vej

Vodroffsvej

Danasv.

Farimagsg.

Jarmers Plads

Skt. Pederstræde

LaSkjerns

Studie-stræde

Vestergade

Gam to

Lykkesholms Allé

Skt. Knuds Vej

Forhåbningsholms Allé

Sveasv.

Kampmannsg.

Vester

Nyropsg.

Vester

H. C.

Vester Voldg.

Ripley's Believe It or Not!

Domh

Lavendel stræde

Farvergad

Synergyven

Tycho Brahe Planetarium

Hammerichsgade

Vesterport

Andersens

Boulevard

Louis Tussauds Voks Museum

Rådhus

Da De Ce

Kongevej

Gammel Kongevej

Vesterbrogade

Vesterbrogade

Bernstorffsg.

Zoo

Vesterbrogade

Valdemarsgade

Helgolandsg.

DSB

København H

Tivoli

Ny Carlsberg Glyptotek

Niels Brocks G.

Oehlenschlægersgade

Saxogade

Westend

Dannebrogsgade

Københavns Bymuseum & Kierkegaard Samlingen

Abel Catrines G.

Viktoriagade

Istedgade

Vester-bro

Colbiørnsg.

Tietgensgade

Ingerslevsgade

Kalvebot

Carlsberg

Istedgade

Eskildsgade

Absalonsgade

Halmtorvet

Flæsketorvet

Slagtehusgade

Høker-boderne

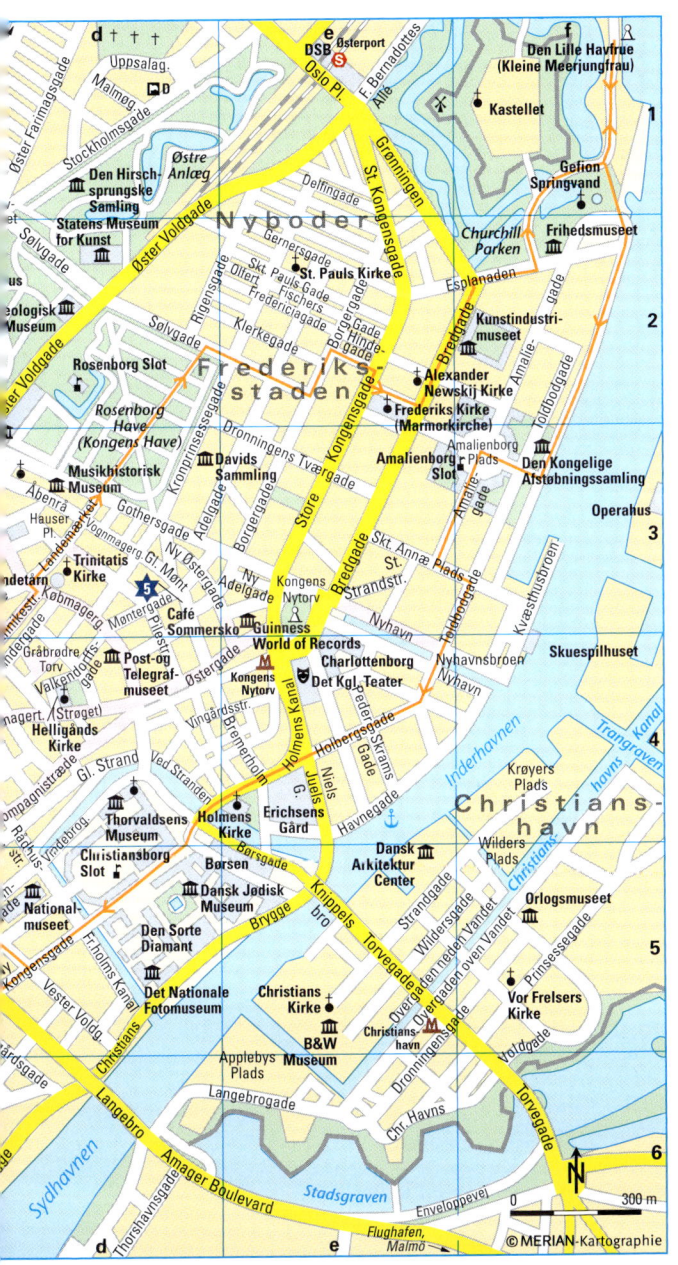

palais. Bereits 1794 übernahm das Königshaus die Räume, da das eigene Schloss, Christiansborg, abgebrannt war. Das südwestliche Palais, Christian VII's Palæ, wird heute für repräsentative Anlässe verwendet. Im nordwestlichen Palais, Christian VIII's Palæ, wohnt Kronprinz Frederik mit Familie. Das nordöstliche Palais, Frederik VIII's Palæ, wird derzeit nicht bewohnt. Und im südöstlichen Palais, Christian IX's Palæ, schließlich wohnt Königin Margrethe II. zusammen mit ihrem Mann, Prinz Henrik. Von der Gesamtanlage her gilt das von Niels Eigtved entworfene Amalienborg als ein Schmuckstück europäischer Architektur.

Ob die Königin zu Hause ist, erkennt man an der aufgezogenen Flagge. Um 12 Uhr findet dann die Wachablösung statt, während die Touristen mit Foto- und Videokameras um die besten Plätze drängeln. Besucht werden darf das Palais von Christian VIII., das im Erdgeschoss des Levetzaus Palæ eingerichtet ist. Es zeigt die Wohnräume und Reichtümer der letzten Glücksburger.

Autofahrern ist es gestattet, über den Schlossplatz zu fahren. Die dort platzierte Statue Frederik V. gestaltete der französische Bildhauer Jacques François Joseph Saly (1717–1776). Amaliegade/Frederiksgade • www. kongehuset.dk, www.ses.dk • Mai– Okt. tgl. 10–16, Nov.–April Di–So 11–16 Uhr • Eintritt 75 DKK

Assistens Kirkegård   ▶ S. 38, a 1

Auf dem berühmtesten Friedhof der Stadt befinden sich u. a. die Gräber der Schriftsteller Hans Christian Andersen, Martin Andersen Nexø oder Hans Scherfig, des Philoso-

phen Søren Kierkegaard, der Maler Christian Købke, Joachim und P. C. Skovgaard sowie des Atomphysikers Niels Bohr.
Nørrebrogade • www.assistens.dk • Mai–Aug. tgl. 8–20, Jan., Feb., Nov., Dez. tgl. 8–16, März, April, Sept., Okt. tgl. 10–18 Uhr

Botanisk Have   ▶ S. 38/39, c/d 2

Eine der vielen grünen Lungen der Stadt ist der 1871 bis 1874 angelegte Botanische Garten, der zur Universität gehört. Empfehlenswert ist das Palmenhaus, in dem man vom obersten Treppenansatz aus einen guten Blick hinab in den »Dschungel« hat.
Øster Farimagsgade 2a/Gothersgade 140 • http://botanik.snm. ku.dk • Mai–Sept. tgl. 8.30–18, Okt.– April tgl. 8.30–16, Palmenhaus 10– 15 Uhr • Eintritt frei

Børsen   ▶ S. 39, d 5

Wohl das Gebäude mit dem markantesten Turm: Vier steinerne Drachenschwänze verschlingen sich dekorativ ineinander. Der Bau gehört zu den schönsten der Stadt und ist eines der Wahrzeichen von Kopenhagen. Erst im 19. Jh. begann man das 127 m lange Gebäude als Börse zu nutzen, obgleich Christian IV. es zu diesem Zweck bereits 1619 bis 1620 hatte errichten lassen. Heute befinden sich im Inneren hauptsächlich Büroräume.
Ved Christiansborg Slotsplads

Christiansborg Slot   ▶ S. 39, d 5

Bereits 1167 entstand unter Absalon ein zweites Schloss, über dessen Vorgänger nichts bekannt ist. Der Bau verfiel mit der Zeit jedoch zusehends, und man riss ihn schließlich 1369 ab. »København Slot«, der darauf folgende Neubau, wurde mit der Zeit immer mehr erweitert, dabei aber kaum schöner. Deshalb entstand bis 1727 ein neues Schloss auf altem Grund. Doch auch dieser Neubau gefiel so wenig, dass er 1732 abgerissen und durch Christiansborg ersetzt wurde. Dieses brannte wiederum 1794 nieder. Ihm folgten ein zweites Christiansborg, das ebenfalls 1884 in einem Flammenmeer aufging, welches man angeblich bis Jütland sehen konnte. Dank Spenden aus der Bevölkerung konnte man im Jahr 1907 mit dem siebenten Schloss beginnen, das 1928 fertig gestellt war. Und noch heute empfängt hier die Königin ihre Gäste, auch das Parlament (»Folketing«) tagt hier.

Wer durch die königlichen Gemächer wandern möchte, muss sich einer Führung anschließen. Auf eigene Faust kann man allerdings die Ruinen der unter Absalon entstandenen Burg, die sich unterhalb des Schlosses befinden, erkunden und dabei etwas über den Ursprung der Stadt erfahren.

»De kongelige Stalde« beinhalten ein kleines Kutschenmuseum mit Zubehör. Aus dem Jahr 1826 stammt die Schlosskirche. Empfehlenswert ist auch ein Blick in das »Teatermuseet«, das ehemalige Hoftheater, in dem seit 1922 ein Museum eingerichtet ist. Es zeigt die Entwicklung des Theaters in Dänemark während der letzten Jahrhunderte.

Slotsholmen • www.christians borgslot.dk
– De Kongelige Repræsentationslokaler: Mai–Sept. tgl. 10–16, Okt.–April Di–So 10–16 Uhr • Eintritt 70 DKK, Kinder 35 DKK
– Kongelige Stalde: Mai–Sept. Fr–So 14–16, Okt.–April Sa, So 14–16 Uhr • Eintritt 20 DKK, Kinder 10 DKK

Beliebtes Fotomotiv: Täglich Punkt 12 Uhr mittags findet vor Schloss Amalienborg (▶ S. 37), dem Wohnsitz der königlichen Familie, die Wachablösung statt.

– Ruinerne: Mai–Sept. tgl. 10–16, Okt.–April Di–So 10–16 Uhr • Eintritt 40 DKK, Kinder 20 DKK
– Teatermuseet: Di, Do 11–15, Mi 11–17, Sa, So 13–16 Uhr • Eintritt 40 DKK, Kinder frei

Christians Kirke

▸ S. 39, e 5

Als Kirche für die deutsche lutherische Gemeinde 1755 bis 1759 errichtet und damals noch Frederiks Kirke genannt. Erst 1899 übernahmen die Dänen den Sakralbau und benannten ihn 1901 um.
Beachtlich sind die architektonischen Feinheiten wie etwa die von ionischen Säulen aus norwegischem Marmor getragene Kanzel. Nach Luftangriffen der Engländer im Zweiten Weltkrieg musste die Kirche restauriert werden.
Strandgade 2 (Christianshavn) • März–Okt. 8–18, Nov.–Feb. 8–17 Uhr

Frederiks Kirke (Marmorkirche)

▸ S. 39, e 2

Der besser als »Marmorkirche« bekannte Bau wurde bis 1770 im klassizistischen Stil errichtet. Zu diesem Zeitpunkt halbfertig, war sie bereits so teuer geworden, dass man sie erst einmal 100 Jahre in diesem Zustand stehen ließ. Norwegischer Marmor hat eben seinen Preis. Dann kaufte der Finanzmann C. F. Tietgen das Gelände und finanzierte die Vollendung der Kirche. 1894 stand schließlich die größte Zentralkirche Skandinaviens.
Im Inneren der Marmorkirche fallen besonders die zwölf Apostel auf, die die Kuppel schmücken. Draußen stehen 14 Statuen, die praktisch einen Querschnitt durch die dänische Kirchengeschichte bilden. Unter anderem erkennt man Knud den Heiligen, den Bischof Thomas Kingo sowie den Pastor und Schriftsteller Nicolai Frederik Severin Grundtvig.
Bredgade 63

WUSSTEN SIE, DASS …

… nach dem Einsturz des Kölner Stadtarchivs durch U-Bahn-Arbeiten auch der Ausbau der Kopenhagener Metro ins Stocken kam? Man fürchtete den Einsturz der Marmorkirche.

Gefion Springvand

▸ S. 39, f 1

Auf dem Weg von Schloss Amalienborg zur Kleinen Meerjungfrau kommt jeder Kopenhagen-Besucher an dem mächtigen Gefion-Brunnen vorbei. Anders Bundgaard erbaute ihn zwischen 1897 und 1908. Der Brunnen zeigt, wie die Göttin Gefion Seeland aus Schweden herausreißt. Die Legende besagt, dass ihr der schwedische König so viel Land anbot, wie sie in einer Nacht umpflügen könne. So verwandelte sie ihre vier Söhne in Ochsen und ließ sie das Land mit hundertfacher Kraft bearbeiten. Das so entstandene Loch in Mittelschweden wurde zum Vänernsee. Ihr neues Land legte die Göttin zwischen Schweden und der Insel Fünen an.
Langelinieparken 6

Holmens Kirke

▸ S. 39, e 4

Um die ehemalige Schmiede für Schiffsanker herum ließ Christian IV. diese Kirche für die dänischen Schiffer unmittelbar am Kanal errichten. Mitte des 17. und Anfang des 18. Jh. erweiterte man sie erstmals und später nochmals in den

Keine andere Frau der Stadt wird so oft fotografiert wie die Kleine Meerjungfrau (▶ S. 44); die Vorlage zu ihr entstammt einem Märchen von Hans Christian Andersen.

1870ern. Der Giebel stellt Kopenhagens ältestes architektonisches Renaissancewerk dar. Im Inneren besitzt die Kirche sehr schöne Malereien und einen aufwendig verzierten Altar. Nicht weniger barock nimmt sich die Kanzel aus. Sehr ungewöhnlich wirkt das 117 cm hohe Taufbecken, das auf menschlichen Füßen zu stehen scheint. Man nutzte es früher zur Taufe erwachsener Sklaven aus Afrika.
Holmens Kanal • www.holmens kirke.dk • Mitte Mai–Mitte Sept. Mo–Fr 9–14, Sa 9–12, Mitte Sept.–Mitte Mai Mo–Sa 9–12 Uhr

Det kongelige Teater & Operahus
▶ S. 39, e 4/f 3

Das Theater am Kongens Nytorv wurde 1872 bis 1874 im Stil der Neorenaissance errichtet. Die Figurengruppe über dem Portal zeigt Apollo, Melpomene (Muse der Tragödie), Pegasus und Thalia (Muse der Komödie). Vor dem Gebäude sind Ludvig Holberg, der große Komödiendichter, und Adam Oehlenschläger, der Meister der Tragödie, zu sehen. Auffällig ist der Anbau direkt über der Tordenskjoldsgade, der »Starenkasten« genannt wird.

Da man den Raum aber für nicht mehr ausreichend ansah, entschied man sich für einen Opernneubau, gestiftet wurde er von Mærsk McKinney Møller, dem Inhaber des Mærsk Konzerns. Er setzte seine Vorstellungen innen wie außen durch und zerstritt sich dabei mit fast allen Beteiligten. Ob der Bau nun gelungen ist oder nicht, darüber wird kräftig diskutiert. Vielen ist er zu dominant, vor allem auf der Achse mit Schloss Amalienborg und der Marmorkirche. Am Ende des Skt. Annæ Plads wurde im Februar 2008 das neue Schauspielhaus eröffnet, womit das Haus am Kongens Nytorv an Bedeutung verloren hat.
Kongens Nytorv 9 & Dokøen

Den Lille Havfrue (Die Kleine Meerjungfrau) 👁👤 ▸ S. 39, f 1

Nichts und niemand in Kopenhagen wird so oft fotografiert wie die Kleine Meerjungfrau. Entlehnt ist das Motiv einem Märchen Hans Christian Andersens. Den Auftrag für die Statue, die der Künstler Edvard Eriksen nach dem Modell seiner Frau bildete, erteilte der Bierbrauer Carl Jacobsen. 1913 stellte man das Werk auf, das seither des Öfteren Misshandlungen ausgesetzt ist. Sei es, dass Kopf oder Arm geraubt wurden oder man die Dame mit Farbe übergoss. Doch weder derartige Missetaten noch die unzähligen Menschenmassen, die die Kleine Meerjungfrau täglich besuchen, konnten ihren sehnsüchtigen Blick hinaus auf das offene Meer trüben.
Langelinie

WUSSTEN SIE, DASS ...

... Christian IV. nicht nur als Kopenhagens Baumeister gilt (u. a. Rundetårn, Børsen, Rosenborg), sondern ihm über zwanzig eheliche und uneheliche Kinder nachgewiesen wurden?

Rosenborg Slot 👁👤 ▸ S. 39, d 2

Das Schloss gehört eher zu den unscheinbareren seiner Art in Seeland. Christian IV. ließ die Anlage angeblich nach eigenen Plänen zwischen 1606 und 1617 erbauen. In den folgenden Jahren wurde es erweitert und 1759 erheblich restauriert. Ursprünglich war der Bau als Vergnügungsschloss gedacht. Auch Christians Nachfolger Frederik III. und Christian V. nutzten es dementsprechend, und erst Frederik IV. brach mit der Tradition, ließ sich mit Frederiksberg sein eigenes Lustschloss errichten und Rosenborg unbedeutender werden.

Heute kann man durch die königlichen Räume schlendern, die 1833 zum Museum umfunktioniert wurden. Überaus eindrucksvoll ist der gigantische Rittersaal in der zweiten Etage. Jede Menge Schmuck und vor allem die Kronjuwelen kann man in der Schatzkammer besichtigen.

Umgeben wird das Schloss vom »Kongens Have«, dem königlichen Garten, der heute wie vor 100 Jahren der Bevölkerung zum Ausspannen, Spazierengehen und manchmal auch zum Feiern dient. Vereinzelte Statuen und ein Springbrunnen verleihen dem königlichen Park zusätzlichen Charme.
Øster Voldgade • www.rosenborg slot.dk • Juni–Aug. tgl. 10–17, Mai,

Sept. tgl. 10–16, Okt. tgl. 11–15,
Nov.–April Di–So 11–14 Uhr • Eintritt
75 DKK, Kinder frei

Rundetårn ♟♀   ▶ S. 39, d 3

König Christian IV. ließ den Runden Turm 1640 bis 1642 erbauen.
Der Turm, 35 m hoch und 15 m im
Durchmesser, stellt ein Kuriosum
dar. Statt über Treppen schreitet
man auf einem gewundenen Gang
nach oben. Mancher kommt dabei
bald ins Keuchen. Erst auf den
letzten Metern wartet noch eine sehr
enge Treppe. Oben angekommen,
stellt man fest, dass sich die Mühe
gelohnt hat: Der Blick über die Stadt
ist großartig. Katharina I., Frau Pe-
ters des Großen und spätere Zarin,
ließ sich hier übrigens im Jahr 1716
mit der Kutsche hochfahren.
Købmagergade 52a • www.runde
taarn.dk • Juni–Sept. tgl. 10–20,
Okt.–Mai tgl. 10–17 Uhr • Eintritt
25 DKK, Kinder 5 DKK

Tivoli ♟♀ 🎡   ▶ S. 38, c 5

Wenn sich das Volk vergnüge, komme es nicht auf die dumme Idee
einer Revolution. So begründete
Mitte des 19. Jh. der dänische Journalist Georg Carstens gegenüber
dem damaligen König sein Ansin-
nen, einen Vergnügungspark für das
Volk zu eröffnen. Diesem Argument
konnte sich der König angesichts der
revolutionären Stimmung in Europa
nicht verschließen. Auch heute noch
strömt das Volk unverdrossen auf
das Gelände. Fahrgeschäfte, Spiel-
automaten und Livemusik prägen
den Tivoli, in dem es diverse Restaurants gibt. Der Park hat auch in der
Vorweihnachtszeit geöffnet.
Vesterbrogade 3 • www.tivoli.dk •
Mitte April–Mitte Sept. So–Di 11–23,

Mi, Do 11–24, Fr, Sa 11–1 Uhr • Eintritt 95 DKK, Kinder frei

Vor Frelsers Kirke   ▶ S. 39, f 5

Sind Sie schwindelfrei? Dann sollten
Sie es wagen, die außen verlaufenden 150 Stufen auf den Kirchturm
hinaufzusteigen, um von dort aus
einen herrlichen Blick über Kopenhagen zu genießen. 1995 wurde der
Turm, der 1752 auf die gegen Ende
des 17. Jh. fertig gestellte Kirche gesetzt wurde, vollständig restauriert.
Die Idee zu dem Bauwerk mit seiner Weltkugel und der Christusfigur
entlehnte der Architekt der Kirche
S. Ivo della Sapienza in Rom. Auch
das Innere der Kirche ist sehenswert.
Die Orgel ruht auf zwei Elefanten,
der Altar ist reich geschmückt, der
Taufstein aus kostbarem Marmor,
und an den Wänden entlang ranken
sich Stuckverzierungen.
Annægade 29 • www.vorfrelsers
kirke.dk

MUSEEN

Arbejdermuseet   ▶ S. 38, c 3

Ein angenehm kleines Museum,
das die Geschichte der dänischen
Arbeiter und den Kampf um ihre
Rechte dokumentiert. Historische
Einrichtungen, nachgestellte Szenen
aus dem Arbeiterleben, Bilder und
andere Dokumente sowie eine historisch gestaltete Gaststätte.
Rømersgade 22 • www.arbejder
museet.dk • tgl. 10–16 Uhr • Eintritt
65 DKK, Kinder frei

Dansk Design Center   ▶ S. 38, c 5

Dieses Center will Sammelpunkt
aller im Bereich Design Arbeitenden
sein, bietet Besuchern aber zugleich
ständig wechselnde Ausstellungen
über dänische Designgeschichte, be-

Den antiken Skulpturen aus Ägypten, Griechenland und Italien geben die prachtvoll gestalteten Räume der Ny Carlsberg Glyptotek (▶ S. 47) einen würdigen Rahmen.

stimmte Marken oder Tendenzen. Wenn man bedenkt, wie innovativ dänisches Design war und ist, von Radios über Lampen bis zu Aschenbechern, von Spielzeug bis hin zu Mode, dann wird deutlich, wie faszinierend ein Besuch des im Jahr 2000 eröffneten Centers sein kann.
H.C. Andersens Boulevard 27 • www.ddc.dk • Mo–Fr 10–17, Mi bis 21, Sa, So 11–16 Uhr • Eintritt 55 DKK, Kinder 30 DKK

Dansk Jødisk Museum ▶ S. 39, d 5

Das auf dem Gelände der Königlichen Bibliothek gelegene Museum sammelt unterschiedlichste Gegenstände zum jüdischen Leben in Dänemark. Bücher, Bilder und Dokumente sind ebenso darunter wie Kunsthandwerk.
Proviantpassagen 6 • www.jewmus. dk • Di–Fr 13–16, Sa–So 12–17 Uhr • Eintritt 50 DKK, Kinder frei

Davids Samling   ▶ S. 39, d/e 3

Mit Geschick und Glück baute der Jurist C. L. David eine mittlerweile berühmte Kollektion auf, die auch eine der interessantesten Sammlungen islamischer Kunst in Europa beinhaltet. David nutzte den Umstand, dass viele Juden vor der Flucht vor den Nazis gezwungen waren, ihren Besitz zu verkaufen. Auch vermögende dänische Großgrundbesitzer wurden während des Zweiten Weltkriegs vom Staat genötigt, Werte abzugeben. Doch statt des erhofften Landes opferten sie lieber Kunstgegenstände, die David erwarb und hier zusammengetragen hat. Zu sehen sind außerdem frühes Porzellan aus Meißen und von der Kongelige Porcelainsfabrik sowie Kunst aus dem 18. Jh.
Kronprinsessegade 30 • www.david mus.dk • Di, Fr–So 13–17, Mi, Do 10–17 Uhr • Eintritt frei

Den Hirschsprungske Samling

> ▸ S. 39, d 1

Ein kleines, feines Museum, das viele Berühmtheiten dänischer Malkunst unter seinem Dach vereint, darunter Eckersberg und Købke, Kyhn und Dreyer. Es macht Spaß, durch die mit Kennerblick zusammengestellte Sammlung zu schlendern. Zusammengetragen hat sie der Tabakfabrikant Heinrich Hirschsprung, der sie 1902 dem Staat schenkte. Zwischen 1908 und 1911 wurde das Gebäude hinter dem Statens Museum for Kunst errichtet.
Stockholmsgade 20 • www.hirsch sprung.dk • Mo, Mi–So 11–16 Uhr • Eintritt 50 DKK, Kinder frei, Mi freier Eintritt

Kunstindustrimuseet ▸ S. 39, f 2

Kunstgewerbe aus Europa und Übersee in überbordender Fülle ist hier zusammengestellt. Für Interessierte mit Vorkenntnissen stellt die Sammlung sicher einen Leckerbissen dar. Andere könnten ob der Menge Orientierungsprobleme haben.
Bredgade 68 • www.kunstindustri museet.dk • Di–So 11–17 Uhr • Eintritt 60 DKK, Kinder frei

Nationalmuseet ▸ S. 39, d 5

Ein klassisches Geschichtsmuseum, das in schönen und sehr sorgfältig ausgestatteten Räumen dem Besucher einen Überblick über die Geschichte des Landes verschafft.
Ny Vestergade 10 • www.national museet.dk • Di–So 10–17 Uhr • Eintritt frei

Ny Carlsberg Glyptotek

> ▸ S. 38, c 5

Ein Traum von einem Museum, selbst wenn man sonst kein besonderes Faible für antike Kunst besitzt. Carl und Ottilia Jacobsen, Inhaber der Carlsberg-Brauerei, ließen das venezianisch anmutende Gebäude zwischen 1892 und 1895 errichten. 1906 wurde es erweitert. Helle, großzügig und großartig ausgestaltete Räume bilden den idealen Rahmen für die ausgestellten Skulpturen aus Ägypten, Griechenland und Italien. Eine Sammlung mit Werken Rodins und eindrucksvolle Zeugnisse etruskischer Kunst runden die Ausstellung gekonnt ab.
Dantes Plads 7 • www.glyptoi teket.dk • Di–So 11–17 Uhr • Eintritt 75 DKK, Kinder frei

Ripley's Believe it or Not! ♀♂

> ▸ S. 38, c 4

Ein lohnenswertes Museum voller Kuriosa der extremen Art. Da tragen Menschen Schlösser in der Nase oder haben Fleischerhaken in der Zunge. Man sieht eine Kuh mit acht Beinen. Auf Fernsehschirmen flimmern Naturkatastrophen oder Versuche von Niagaraabfahrten. Gruselig auch die Hinrichtung von El Fusilado 1915, der trotz neun Schüssen überlebte.
Rådhuspladsen 57 • www.ripleys.dk • Juni–Aug. 10–22, Sept.–Mai So–Do, Fr, Sa 10–20 Uhr • Eintritt 85 DKK, Kinder 43 DKK

Statens Museum for Kunst

> ▸ S. 39, d 2

1996 wurde dieses Museum für einen großen Erweiterungsumbau geschlossen und im November 1998 wieder eröffnet. Ein lichtdurchfluteter weißer Bau ragt nun hinter dem alten Gebäude in den Park Østre Anlæg hinein. Die Resonanz fiel sehr unterschiedlich aus, die dänische Architekturkritik fand den Anbau mehrheitlich jedenfalls missraten. Das ursprüngliche Gebäude wurde 1889 bis 1896 nach Plänen von Vilhelm Dahlerup gebaut.

Doch zweifellos ist hier ein hervorragender Querschnitt durch die dänische Kunst zu finden. Das Goldalter (Købke, Eckersberg, Bendz) ist überreich vertreten, natürlich auch die Skagenmaler (Anna und Michael Ancher, P. S. Krøyer), die Bornholmer Schule (Zahrtmann, Isakson, Weie, Høst) ebenso wie die Fünenmaler (Larsen, Syberg, Nielsen). Dann auch Internationale Größen des 20. Jh. wie Asger Jorn, Per Kirkeby und Richard Mortensen. Und die jüngeren Etablierten wie Peter Bonde und Troels Wörsel. Aber auch andere Skandinavier, Deutsche, Niederländer und nun vor allem Franzosen sind gut vertreten. Der Anbau hat zudem eine breitere Präsentation der Moderne ermöglicht.

Sølvgade 38–40 • www.smk.dk • Di, Do–So 10–17, Mi 10–20 Uhr • Eintritt frei, Sonderausstellungen Eintritt 95 DKK

Thorvaldsens Museum ▸ S. 39, d 4

Er ist der bekannteste dänische Bildhauer geblieben – Bertel Thorvaldsen, 1770 geboren und 1793 für seine ersten Arbeiten mit einem Stipendium nach Rom belohnt. Dort blieb er 45 Jahre lang und stieg bald zur Elite der neoklassizistischen europäischen Bildhauer auf. Königshäuser und Päpste bestellten bei ihm, und nicht nur sie. Thorvaldsen musste bald Helfer einstellen, die in seinem Namen Skulpturen und Reliefs anfertigten. 1838 kam der Künstler nach Kopenhagen zurück, wurde begeistert empfangen und bezog sein Atelier bei Præstø an der Ostküste Seelands. Auch das Museumsgebäude ist bemerkenswert.

Porthusgade 2 • www.thorvaldsens museum.dk • Di–So 10–17 Uhr • Eintritt 40 DKK, Kinder frei, Mi frei

SPAZIERGANG

Stadtplan ▸ S. 38/39

Startpunkt ist der Rathausplatz. Von hier geht es in die Fußgängerzone **Strøget**. Nach einer Weile halten Sie sich links in die kleine Straße Jorcks Passage und hin zum Frue Plads. Dort geht es rechts in die Store Kannikestræde. Sie stoßen dann auf die Købmagergade und können sich auf den **Runden Turm** begeben, um einen Überblick über die Stadt zu bekommen. Von hier weiter in die Straße Landemærket, über die Gothersgade hinein in den **Königlichen Garten (Kongens Have)**. Links ist Schloss Rosenborg erkennbar. Am Ende des Gartens rechts in die Sølvgade, links in die Borgergade, rechts in die Hindegade, dann erkennen Sie rechts die Marmorkirche. An ihr vorbei links in die Bredgade und durch den Churchillpark kommt man zur berühmten **Kleinen Meerjungfrau**. Zurück immer am Wasser entlang, an der Abgusssammlung vorbei bis **Schloss Amalienborg**. Am Ende der Amaliegade gehen Sie links und dann gleich rechts in die Toldbodgade. Nun sind Sie in **Nyhavn** und können sich in einem der zahllosen Cafés oder Kneipen ausruhen. Über Nyhavnsbroen, Holbergsgade und Holmens Kanal erreichen Sie **Schloss Christiansborg**. Weiterhin geradeaus und somit am Schloss vorbei. Über Ny Kongensgade oder Ny Vestergade geht es auf die Vester Voldgade, dort rechts am

Das vor wenigen Jahren erweiterte Statens Museum for Kunst (▸ S. 47) bietet auch junger etablierter Kunst eine anspruchsvolle Plattform.

Nationalmuseum vorbei und wieder zurück zum Rathausplatz.
Dauer: 3–4 Std.

ÜBERNACHTEN

Admiral Hotel ▸ S. 39, f 3

Toller Ausblick • In einem alten Speicher ist dieses Hotel ganz im maritimen Stil eingerichtet. Aus den kleinen Fenstern zur Seeseite kann man auf die neue Oper gegenüber schauen. Das Hotel besitzt das sehr gute, von Sir Terence Conran gestaltete Restaurant »Salt« (internationale Küche) sowie den Nachtclub »Nautilus«.
Toldbodgade 24–28 • Tel. 33 74 14 14 • www.admiral-hotel.dk • 366 Zimmer • €€€€

Radisson SAS Royal Hotel

▸ S. 38, b 5

Moderner Klassiker • Der berühmte Arne Jacobsen entwarf dieses funktionale Gebäude ohne Schnickschnack außen und sehr durchgestylt innen. Suite 606 ist noch so, wie sich Jacobsen alle Zimmer vorgestellt hatte. Das Hotel ist auch bei Promis recht beliebt und besitzt ein erstklassiges Restaurant mit italienischer Küche.
Hammerichsgade 1 • Tel. 33 42 60 00 • www.radissonsas.com • 265 Zimmer • ♿ • €€€€

Romantik Hotel 71 Nyhavn

▸ S. 39, f 4

Maritim • Eines der am schönsten gelegenen Hotels der Stadt am Nyhavn mit Blick auf Hafen und die neue Oper. Der alte Speicher ist eindrucksvoll restauriert worden und strahlt ein sehr gemütliches Ambiente aus.
Nyhavn 71 • Tel. 33 43 62 00 • www.71nyhavnhotelcopenhagen.dk • 159 Zimmer • €€€€

Hotel City   ▶ S. 39, e 4

Modern • Sehr schönes, helles Hotel, zentral und ruhig, 2009 gründlich renoviert. Das Haus gehört zur Best-Western-Hotelkette und ist unter den etwas anspruchsvolleren Hotels eine der besten Möglichkeiten. Peder Skrams Gade 24 • Tel. 33 13 06 66 • www.hotelcity.dk • 81 Zimmer • €€€

Hotel Danmark   ▶ S. 38, c 5

Funktional • Nur wenige Schritte vom Rathausplatz gelegenes Haus. Sehr sauber, hübsche Zimmer und Tiefgarage. Vester Voldgade 89 • Tel. 33 11 48 06 • www.hotel-danmark.dk • 51 Zimmer • €€€

Ibsens Hotel   ▶ S. 38, c 3

Gemütlich • Sehr beliebtes, eher familiär geprägtes Hotel in reiner Wohngegend. Nahe der Fußgängerzone gelegen.

Vendersgade 23 • Tel. 33 13 19 13 • www.ibsenshotel.dk • 118 Zimmer • ♿ • €€€

Hotel Cab Inn Scandinavia   ▶ S. 38, a 3

Preiswert • Die Zimmer sind mit Bett, Fernseher und Tauchsieder ausgerüstet, das Bad ist klein. Doch alles ist sehr sauber und für Kopenhagener Verhältnisse günstig. Etwa 15 Min. vom Rathausplatz entfernt. Vodroffsvej 57 • Tel. 35 36 11 11 • www.cab-inn.dk • 201 Zimmer • €€

Kong Arthur

▶ grüner reisen, S. 19

ESSEN UND TRINKEN

Kong Hans Kælder   ▶ S. 39, e 4

Klassiker • Vielleicht das beste Restaurant der Stadt. Seezunge mit Basilikumsauce und Lammfilet mit Koriander und Zitronengras sind nur einige Beispiele aus der Karte.

Lockeres Ambiente, leckere Küche, freundlicher Service: Das Kopenhagener Café Sommersko (▶ MERIAN-Tipp, S. 53) ist eine beliebte Adresse bei jungen Leuten.

Vingårdstræde 6 • www.kong hans.dk • Tel. 33 11 68 68 • Mo–Sa 18–24 Uhr, Juni–Aug. Mo geschl. • €€€€

Restaurant Noma   ▸ S. 39, f 5

Für Gourmets • Das Sternerestaurant setzt konsequent auf die nordische Küche, viele Zutaten werden aus Grönland, Island und den Faröern geholt. Gekocht wird mit höchster Präzision, kein Wunder, dass das Noma in den vergangenen Jahren als einziges Restaurant in Dänemark zwei Michelinsterne erhielt und 2010 zum weltbesten Restaurant gewählt wurde.
Strandgade 92 • Tel. 32 96 32 97 • www.noma.dk • Di–Fr 12–16.30, Mo–Sa 18–1 Uhr • €€€€

Restaurationen   ▸ S. 39, d 3

Kompromisslos kreativ • Atmosphärisch eher kühles, qualitativ aber überragendes Restaurant im französischen Stil mit bemerkenswerter Weinkarte.
Møntergade 19 • Tel. 33 14 94 95 • Di–Sa 18–24 Uhr, Juli geschl. • €€€€

Le Sommelier   ▸ S. 39, e 2

Entspannt • Eines der reizvollsten Lokale der Stadt. Bodenständige französische Landküche mit Niveau, dazu eine sehr umfangreiche Weinkarte. Zahlreiche Weine kann man auch glasweise bestellen.
Bredgade 63–65 • Tel. 33 11 45 15 • Mo–Do 12–14, 18–22, Fr 12–14, 18–23, Sa 18–23, So 18–22 Uhr • €€€€

Gammel Mønt   ▸ S. 39, d 3

Urdänisch • Sehr lauschiges Restaurant in einem alten Fachwerkhaus. Dänische Frokost-Klassiker mit u. a. exzellenter Fischzubereitung.

Gammel Mønt 41 • Tel. 33 15 10 60 • www.gammel-moent-inn.dk • Di–Fr 11.30–17.39 Uhr • €€€

L'Education Nationale   ▸ S. 38, c 4

Wie in Frankreich • Schlichtes und dennoch gemütliches Szene-Restaurant im Latinerviertel. Vorzugsweise junges Publikum genießt die französische Küche.
Larsbjørnsstræde 12 • Tel. 33 91 53 60 • Mo–Sa 12–16, 18–24 Uhr • €€€

Biom

▸ grüner reisen, S. 19

Bistro Boheme   ▸ S. 39, f 2

In-Treff • Im klassischen Bistro-Stil eingerichtetes Café-Restaurant. Ambitionierte französische Küche.
Esplanaden 8 • Tel. 33 93 98 44 • www.bistroboheme.dk • Mo–Mi 11.30–24, Do 11.30–1, Fr, Sa 11.30–2 Uhr • €€

Bryggeriet Apollo   ▸ S. 38, c 5

Rustikal • Hier kommt man nicht zum Essen her, obgleich die Spareribs sehr lecker sind. Der Clou ist das hauseigene Bier.
Vesterbrogade 3 • Tel. 33 12 33 13 • www.bryggeriet.dk • Mo–Do 11.30–24, Fr, Sa 11.30–2, So 15–24 Uhr • €€

Ida Davidsen   ▸ S. 39, e 2

Geschichtsträchtig • Vor über 100 Jahren wurden hier die ersten »Smørrebrøder« kreiert. Und auch heute noch beherrscht man die Kunst ideenreich und kunstvoll bereiteter Brote absolut perfekt.
Store Kongensgade 70 • Tel. 33 91 36 55 • Mo–Fr 10–17 Uhr, Juli geschl. • €€

Soupanatural
▸ grüner reisen, S. 19

Riz Raz ▸ S. 39, d 4
Mediterran • Eines der besten unter den wirklich günstigen Restaurants der Stadt. Den Schwerpunkt setzt Mittelmeerküche, vor allem aus Ägypten. Großartig auch das Buffet voller Oliven, Käse, Auberginen, Reis …
Kompagnistræde 20 • Tel. 33 15 05 75 • Mo–Fr 11.30–22, Sa, So 11.30–23 Uhr • €€

Sult ▸ S. 39, d 3
Originell • »Sult« heißt »Hunger«, der Name bezieht sich auf den Roman des Norwegers Knut Hamsun. Doch Hunger muss in diesem Restaurant im Filmhaus niemand leiden. Im Gegenteil – die Mittelmeer-Küche ist empfehlenswert.
Vognmagergade 8b • Tel. 33 74 34 17 • Di–Sa 12–24, So 12–22 Uhr • €€

EINKAUFEN
Antiquitäten
Die klassische Kopenhagener Antiquitätenladen-Straße ist die Ravnsborggade (▸ S. 38, b 2). Alternativ hierzu können Sie auch die Kompagnistræde (▸ S. 39, d 4) und die Bredgade (▸ S. 39, e 3) aufsuchen. Außerdem lohnt ein Besuch der Straßen hinter dem Königlichen Theater (Peder Skrams Gade, Tordenskjoldsgade ▸ S. 39, e 4).

Bitte Kai Rand ▸ S. 39, e 3
Die Kopenhagenerin hat sich zu einer der beliebtesten Marken für Frauenmode entwickelt. Fröhliche Farben, originelle Schnitte und nicht nur von ganz jungen Frauen tragbar.
Store Strandstræde 22 • www.bittekairand.dk

Filippa K ▸ S. 39, d 3
Trendiges schwedisches Label für Jüngere und etwas Ältere beiderlei Geschlechts.
Ny Østergade 1 • www.filippa-k.dk

Georg Jensen ▸ S. 39, d 4
Der Name für qualitativ hochwertigen Schmuck aus Dänemark. 1904 begründete Jensen seine Silberschmiede. In dem Strøget kann man die teure Pracht erwerben.
Amagertorv, Strøget • www.georg jensen.dk

Illum ▸ S. 39, d 4
Traditionsreiches Kaufhaus der gehobenen Preisklasse. Sehr große Parfüm- und Modeabteilung, unter dem Dach Restaurants. Allein das Bummeln macht in diesem wunderschönen Haus großen Spaß.
Østergade 52, Strøget • www.illum.dk

Illums Bolighus ▸ S. 39, d 4
Das Einrichtungshaus bietet zwar auch Mode an, in erster Linie jedoch Stoffe, Möbel, Lampen, Glas, Küchenutensilien und natürlich jede Menge Schnickschnack. Ein Bummel durch das Bolighus ist wie ein Streifzug durch die skandinavische Design-Welt in ihrer höchsten Vollendung.
Amagertorv 10, Strøget • www.illums bolighus.dk

Magasin du Nord ▸ S. 39, e 3
Das älteste Kaufhaus Skandinaviens. Großartig sind die Modeabteilungen, ein wahrer Augenschmaus die Food-Abteilung im Untergeschoss.
Kongens Nytorv 13 • www.magasin.dk

Nørgaard på Strøget

▶ S. 39, d 4

Die Kopenhagener Modeinstitution für jüngere Leute. Auch trendige Mode anderer Designer.
Amagertorv und Frederiksberggade/Kattesundet (Strøget)

Petitgas

▶ S. 39, d 4

In dem zweitältesten Hutgeschäft der Welt, es wurde 1857 eröffnet, sind Hüte und Bedienung selbstverständlich absolute Spitzenklasse.
Købmagergade 5

Royal Copenhagen

▶ S. 39, d 4

Die Marke »Royal Copenhagen« gilt heute als Inbegriff dänischen Porzellans, ob als einfaches Geschirr oder als dekorativer Weihnachtsteller. Im Geschäft kann man auch Ware zweiter Wahl erstehen. Nebenan gibt es ein gemütliches Café.
Amagertorv 6/Strøget • www.royal copenhagen.dk

Sand

▶ S. 39, d 4

Im jütischen Randers entwickelte Edelmarke für Sie und Ihn. Der Laden ist sehr cool und düster, ganz im Gegensatz zur Mode.
Østergade 52 • www.sand.dk

AM ABEND

Copenhagen Jazz House

▶ S. 39, d 4

Bestes Jazzhaus der Stadt, täglich Livemusik.
Niels Hemmingsens Gade 10 • www.jazzhouse.dk • So–Mi 18–24, Do–Sa 18–5 Uhr

Ideal Bar/Vega   ▶ S. 38, westl. a 6

Angesagter Nachtclub mit Bar, Disco und im Vega mit Livemusik. Hoher Flirtfaktor.

MERIAN-Tipp 5

CAFÉ SOMMERSKO   ▶ S. 39, d 3

Das Café ist das älteste seiner Art in Kopenhagen. Seit 1976 zieht es Publikum aller Altersklassen an und hat dabei immer wieder seinen kulinarischen Stil gewechselt. Derzeit wird die französische Bistroküche gepflegt, Dorsch mit Kartoffeln heißt nun »Brandade de Morue«. Geblieben sind die gemütliche Atmosphäre, das freundliche Personal und das sehr gute Preis-Leistungs-Verhältnis. Nach wie vor ein idealer Platz, um im Großstadttreiben abzuschalten.
Kopenhagen, Kronprinsensgade 6 • www.sommersko.dk • Mo–Mi 8–24, Do–Fr 8–2, Sa 9–2, So 10–24 Uhr

Enghavevej 40 • http://idealbar.vega.dk • Mi 20–1, Do 21–2, Fr, Sa 22–5 Uhr

Rust

▶ S. 38, b 1

Nach dem durchgeknallten Moskau-Flieger benannte Mischung aus Disco, Livebühne mit Rockmusik und Cocktailbar. Nennt sich selbst »Subkultureller Palast«. Immer voll.
Guldbergsgade 8 • www.rust.dk • Mi–Sa 21–5 Uhr

SERVICE

AUSKUNFT

Copenhagen Visitor Centre

▶ S. 38, c 5

Vesterbrogade 4 A • Tel. 70 22 24 • www.visitcopenhagen.dk • Mai–Mitte Sept. tgl. 9–20, Sept.–April Mo–Fr 9–12, Sa 9–14 Uhr

Seeland

Es sind die prächtigen Schlösser und die herrlichen Strände, die Seelands Reiz ausmachen. Aber auch unter den Städten, Museen und Galerien finden sich wahre Perlen.

◄ Auf Schloss Frederiksborg (► S. 56) wurden bis Mitte des 19. Jh. alle dänischen Könige gekrönt.

Seeland ist nicht Kopenhagen, und dennoch wird die Insel oft genug mit der Hauptstadt gleichgesetzt. Tatsächlich aber bietet Seeland sehr viel mehr. Man denke nur an **Helsingør** im Norden, die strategisch so günstig am Øresund gelegene Stadt mit Hamlets Schloss. Der Norden ist schon immer der Lieblingsplatz der Könige gewesen; prunkvolle Schlösser, große Wälder und herrliche Strände prägen folglich Nordseeland.
Die Mitte der Insel findet hingegen nur wenig Beachtung. **Roskilde** mit Dom und Wikingermuseum gilt als Schmuckstück. Der Süden mit **Næstved** und **Vordingborg** ist sicherlich ebenso eine Stippvisite wert wie der Osten mit **Fakse** und **Stevns Klint**.

Jütland

Kopenhagen

Seeland

Bornholm

Fünen und
südfünische
Inseln

Lolland, Falster
und Møn

Helsingør ► S. 153, D 9

57 000 Einwohner

Die Stadt Hamlets und der Schweden. Ersterer soll einst im Kronborg Slot die berühmten Worte »Sein oder Nichtsein« gesprochen haben, zumindest wenn man dem englischen Schriftsteller William Shakespeare glauben mag.
Zweitere fallen tagtäglich in Massen und im Minutentakt mittels kleinerer Fährschiffe in die Stadt ein, um günstiger als daheim einzukaufen. Das gilt vor allem für Alkohol, der für deutsche Maßstäbe zu astronomischen, für schwedische aber zu Schleuderpreisen verkauft wird.
Doch davon sollte man sich nicht abschrecken lassen: Das Zentrum Helsingørs ist recht hübsch, einige

Sehenswürdigkeiten locken, allen voran natürlich das Renaissanceschloss Kronborg. Und vielleicht wollen Sie ja selbst noch kurz das nur 25 Fährminuten entfernte Schweden besuchen?

SEHENSWERTES
Kronborg Slot 2

In früheren Zeiten mussten all jene, die zu den reichen Fanggründen der Ostsee wollten, hier ihren Zoll entrichten. Aus der Zollstation wurde 1577 ein Schloss, das 1629 in weiten Teilen abbrannte. Das noch prächtigere Nachfolge-Schloss wurde von den Schweden zerstört, und dass das Gebäude seit 1785 etwa 140 Jahre lang als Kaserne diente, hat ihm auch nicht gut getan.
Heute präsentieren sich dem Besucher allerdings herrliche, großzügige Säle. Besondere Beachtung verdienen der Rittersaal (63 x 11 m), der Königssaal mit Gobelins aus den 1580ern sowie die Zimmer von König und Königin mit ihren bemalten Decken. Der Gang durch die finsteren Kasematten (festes Schuhzeug!) führt am Sagenhelden Holger Danske vorbei, der, so will es die Sage, bei Gefahr erwachen und

Dänemark verteidigen wird. Die gruselige Atmosphäre des Schlosses war schon unzählige Male eine perfekte Kulisse für Hamlet-Inszenierungen. Sehr schön ist auch die kleine Kirche. Im Nordflügel finden Sie zudem das **Seefahrtsmuseum** mit einer interessanten Dokumentation der dänischen See- und Handelsgeschichte in den letzten 600 Jahren.
www.ses.dk • Mai–Sept. tgl. 10.30–17, Nov.–März Di–So 11–15, April, Okt. Di–So 11–16 Uhr • Eintritt 95 DKK, Kinder 70 DKK

ÜBERNACHTEN
Marienlyst

Traumhaft • Top-Hotel unmittelbar am Wasser mit fantastischem Blick Richtung Schloss Kronborg und Schweden. Man kann im hauseigenen Badeland schwimmen oder im Casino das Urlaubsbudget riskieren. Vorzügliches Restaurant.
Ndr. Strandvej 2 • Tel. 49 21 40 00 • www.marienlyst.dk • 222 Zimmer • ♿ • €€€

Ziele in der Umgebung
◎ **Hillerød**   ▸ S. 152, C 9
35 000 Einwohner
Bevor König Frederik II. im Jahre 1560 hier den Kauf eines Gutes erwog, bestand Hillerød nur aus einigen wenigen Bauernhöfen. Bald avancierte die Stadt zu einem blühenden Marktflecken – der Grund war **Schloss Frederiksborg**, auch heute noch die Hauptattraktion.
27 km südwestl. von Helsingør

SEHENSWERTES
Frederiksborg Slot

Grandios erhebt sich Schloss Frederiksborg über dem Schlosssee. Christian IV. ließ Anfang des 17. Jh. hier

das Bauwerk entstehen, zu dem auch ein prächtiger Kirchenflügel gehört. Bis 1840 wurden hier alle Könige gekrönt. 1859 vernichtete ein Brand einen Großteil des Gebäudes.
Der Wiederaufbau stand dann bereits unter dem Vorhaben, hier im Schloss das **dänische Geschichtsmuseum** einzurichten. So spaziert man heute durch traumhaft schöne Innenräume und lernt zugleich die dänische Historie kennen.
www.frederiksborgslot.dk
Museum: April–Okt. tgl. 10–17, Nov.–März tgl. 11–15 Uhr • Eintritt 60 DKK, Kinder frei
Garten: April–Sept. tgl. 8–21, Okt.–März tgl. 8–18 Uhr

◎ **Humlebæk**   ▸ S. 153, D 9
5000 Einwohner
Abgesehen von dem weltbekannten Museum Louisiana hat der kleine Ort zwischen Kopenhagen und Helsingør nicht viel zu bieten.
14 km südl. von Helsingør

MUSEUM
Louisiana Museum ⬢**3**

Erst 1958 wurde dieses Museum eröffnet, doch bereits heute besitzt es einen weltweit hervorragenden Ruf. Es ist das Mekka der modernen Kunst, ob Warhol oder Baselitz, Giacometti oder Picasso – alles, was Rang und Namen hat, findet sich in diesem sehr imponierenden Komplex. Auch die Wechselausstellungen sorgen immer wieder für Furore.
Hinzu kommt die eindrucksvolle Lage des Louisiana Museums direkt am Øresund. Im Garten lässt sich herrlich pausieren, von der Terrasse der Cafeteria hat man einen weiten Blick hinüber nach Schweden. Und wohl kein anderes dänisches Mu-

seum zeigt sich in seinem Museums-Shop so verkaufstüchtig wie dieses.
Gl. Strandvej 13 • www.louisiana.dk • Di–Fr 11–22, Sa, So 11–18 Uhr • Eintritt 95 DKK, Kinder frei

◎ Rungsted   ► S. 153, D 9
4000 Einwohner

An der schönen Küstenstraße 152 von København nach Helsingør liegt Rungsted unmittelbar am Øresund.
24 km südl. von Helsingør

SEHENSWERTES

Karen Blixen Museet

Die Mehrzahl der vielen Besucher dürfte eher den Film »Jenseits von Afrika« mit Meryl Streep und Robert Redford in den Hauptrollen gesehen als das Werk der Schriftstellerin Karen Blixen gelesen haben. Der Film hatte 1985 seine Premiere, zwei Jahre später wurde der Umbau des Hauses in ein Museum beschlossen, das dann 1991 eröffnet wurde. Die Lizenzeinnahmen aus dem Film ermöglichten übrigens dieses Vorhaben. In Rungstedlund, wie das Gebäude heißt, wurde die Autorin 1885 geboren, hier starb sie 1962. Die Räume zeigen u. a. die historische Einrichtung, ihre Versuche als Malerin und skizzieren ihren Lebensweg.
Rungsted Strandvej 111 • www.karen-blixen.dk • Mai–Sept. Di–So 10–17, Okt.–April Mi–Fr 13–16, Sa, So 11–16 Uhr • Eintritt 60 DKK, Kinder frei

Næstved   ► S. 152, B 11
46 000 Einwohner

Das Zentrum macht eher einen ruhigen Eindruck. Auch baulich beherbergt die Stadt keine Schätze. Anscheinend hat sich der Einkaufsstrom in das riesige Einkaufszentrum nordöstlich von Næstved (an der Straße 54) verlagert.

Ein Muss für Fans moderner Kunst: Das Louisiana Museum (► S. 56) in Humlebæk beeindruckt nicht nur mit seinen Kunstwerken, auch Architektur und Lage sind ein Traum.

SEHENSWERTES
Bon-Bon-Land 👫

Der Spielpark für große und kleine Schleckermäuler, von einer Bonbon-Firma zu PR-Zwecken errichtet. Darunter Klettergerüste, Schaukeln, Hüpfburgen, Ponyreiten, Boote, ein Kino und eben eine Bonbon-Werkstatt samt Süßigkeiten-Supermarkt: Kind, was willst du mehr!
Holme-Olstrup (nahe Næstved/Seeland), Gartnervej 2 • www.bonbon land.dk • Mitte April–Anfang Aug. 9.30–20, Mitte Mai–Mitte Juni, Anfang Aug.–Anfang Sept. 9.30–17 Uhr • Eintritt Hauptsaison 219 DKK, Nebensaison 199 DKK, Kinder frei

Ziele in der Umgebung
◉ Fakse   ▸ S. 152, C 11
12 000 Einwohner

Die beiden Kopenhagener Großbrauereien Carlsberg und Tuborg schmücken sich auf ihren Etiketten mit dem Zusatz, Lieferant des königlich dänischen Hofes zu sein. Die Faxe Brauerei ist, laut Eigenwerbung, stolz, Lieferant des dänischen Volkes zu sein.

Das, und natürlich die Qualität von Bier und Brause, haben die Brauerei und den Ort weit über die Landesgrenzen hinaus berühmt gemacht. Dabei waren viele Jahre zuvor die Kalkgruben wirtschaftlich sehr viel wichtiger. Einen imponierenden Blick auf diese haben Sie, wenn Sie den Stationsvej (gegenüber der Brauerei) ein kleines Stück hochgehen.
28 km nordöstl. von Næstved

SEHENSWERTES
Faxe Bryggeri

Wenn Sie sehen wollen, wie das entsteht, was bald darauf kühl und köstlich durch Ihre Kehle rinnt, dann können Sie während der dänischen Schulferien die 1901 gegründete Brauerei besichtigen.
Nørregade • Tel. 53 71 37 00 • Führungen nur im Juli Mo–Do 10 (Englisch), 13.30 Uhr (Dänisch)

◉ Slagelse   ▸ S. 152, B 10
35 000 Einwohner

Seelands drittgrößte Stadt ist nicht gerade das Schmuckstück der Insel. Mehrere Brände zwischen 1515 und 1804 haben die historische Innenstadt vernichtet, geblieben sind nur die Skt. Hans und die Skt. Peders Kirche. Dank der verkehrsgünstigen Lage hat Slagelse sich allerdings zu einem bedeutenden Geschäftszentrum entwickeln können.
33 km nordwestl. von Næstved

SEHENSWERTES
Trelleborg

Reste einer Wikingerburg westlich von Slagelse, vermutlich aus dem Jahre 980 und von König Sven Gabelbart erbaut. Die Burg besteht aus einer Haupt- und einer Vorburg. Die einstige Dimension der Gesamtanlage verdeutlichen die Rekonstruktionen. Zudem gibt es hier im Sommer jede Menge nachgespieltes Wikingerleben, z.B. den Wikingermarkt im Juli.
Hejninge, Trelleborg Allé 4 • April, Mai, Sept.–Mitte Okt. Mo–Do, Sa, So 10–16, Juni, Aug. Mo–Do, Sa, So 10–17, Juli tgl. 10–17 Uhr • Eintritt 60 DKK, Kinder frei

◉ Stevns Klint   ▸ S. 153, D 11

Stürzt sie oder stürzt sie nicht, das ist die Frage vor der Kirche in **Højerup**. An der Ostküste ziehen sich die Klippen von Stevns Klint bis nach Rødvig hinunter. Mitte des 13. Jh.

Auf den Spuren der Wikinger: Im Wikingermuseum (▶ S. 61) am Roskildefjord kann man fünf ehemals gesunkene Schiffe der kriegerischen Nordmänner bestaunen.

wurde hoch über dem Meer in Højerup die Kirche errichtet. Während der Jahrhunderte trugen Wind und Wasser das Felsmassiv ab, sodass 1928 der Kirchenchor abstürzte. Dem Rest scheint ein ähnliches Schicksal bevorzustehen, doch ist das Fundament mittlerweile untermauert worden. Ein kleiner, schöner Wanderweg zieht sich oberhalb der Klippen entlang.
Mai–Sept. tgl. 10–17 Uhr • Parkplatz 30 DKK
53 km nordöstl. von Næstved

Roskilde   ▶ S. 152, C 10

50 000 Einwohner

Die 30 km westlich von Kopenhagen gelegene Stadt macht einen stolzen Eindruck. Diese Würde wird schon bei der Anfahrt sichtbar, wenn der Blick auf den mächtigen Dom fällt, der sich über der Stadt erhebt. Und sie setzt sich in den kleinen, malerischen Gassen um den Dom herum sowie im weiten, herrlich gelegenen Stadtpark fort, bis hin zu den mächtigen Wikingerschiffen im Wikingermuseum unmittelbar am Fjord.

So wird dann doch noch hier und da die einstige Größe Roskildes spürbar. Bis zum 15. Jh. war Roskilde die mächtigste Stadt Dänemarks, da sie das kirchliche Zentrum des Landes bildete, Sitz der Bischöfe von Seeland und (bis 1443) Hauptstadt war. Mit der Reformation (1536) begann der Niedergang Roskildes und zugleich der Aufstieg des nahen Kopenhagen. Bekannt wurde die Stadt durch das Roskilde-Musikfestival.

WUSSTEN SIE, DASS …

… die erste dänische Eisenbahn 1844 von Altona nach Kiel fuhr? Die Herzogtümer Schleswig, Holstein und Lauenburg gehörten damals zu Dänemark. Die erste Bahn im eigentlichen Königreich fuhr 1847 von Kopenhagen nach Roskilde.

SEHENSWERTES
Domkirke ✪

Mit dem romanisch-gotischen Bau wurde im 12. Jh. begonnen, er wurde aber erst 100 Jahre später vollendet. In den folgenden Jahrhunderten wurden weitere Kapellen und Waffenhäuser hinzugebaut. Aufgrund dieser Entstehungsgeschichte weist der Dom eine ausgesprochene Stilvielfalt auf. Seit dem Tode von Margarete I. im Jahre 1412 werden hier alle dänischen Könige begraben. Jedes Grab steht in einer eigenen Seitenkapelle, und jede ist in dem zeittypischen Stil errichtet. Darüber hinaus ist das gesamte Inventar sehenswert, so der Altar (1560) und das mit schönen Schnitzereien versehene Chorgestühl, das im Jahr 1420 entstand.
April–Sept. Mo–Fr 9–16.45, Sa 9–12, So 12.30–16.45, Okt.–März Di–Sa

Im Sagnlandet Lejre (▶ S. 61), einem Freilichtmuseum für experimentelle Archäologie, werden die Lebensumstände der Menschen aus Stein- und Eisenzeit erforscht.

10–15.45, So 12.30–15.45 Uhr •
Eintritt 60 DKK, Kinder 20 DKK

Sagnlandet Lejre

In Lejre ist ein historisch-archäo-
logisches Versuchszentrum und
gleichzeitig ein »lebendes Museum«
aufgebaut worden. Auf dem 43 ha
großen Gelände lebt man die Stein-
und Eisenzeit nach und versucht
so, Einblick in die Lebensformen
der damaligen Zeit zu gewinnen. Interessierte können hier mit historischen Werkzeugen Boote bauen
oder das Feld bestellen.
Lejre, Slangealléen 2 • www.
sagnlandet.dk • Mai–Mitte Juni,
Mitte Aug.–Mitte Sept. Di–Fr 10–16,
Sa, So 11–17, Mitte Juni–Mitte Aug.
tgl. 10–17 Uhr • Eintritt 125 DKK,
Kinder 85 DKK
10 km südwestl. von Roskilde

MUSEUM

Vikingeskibshallen im
Wikingerschiffsmuseum 👤👥

Um das Jahr 1000 müssen am Eingang des Roskildefjords fünf Schiffe
versenkt worden sein, um den Zu-
gang zu erschweren. 1962 wurden
sie nahe Skuldelev entdeckt. Heute
stehen sie, zwischen 12 und 28 m
lang, so weit wie möglich restauriert unmittelbar am Fjord und bilden den Kern der Ausstellung über
die Wikingerschifffahrt. Auf Schau-
tafeln wird die Geschichte der Wikinger erzählt. Ein Film zeigt Ber-
gung und Konservierung der Schiffe.
Auf der Museumsinsel nebenan
werden Wikingerschiffe nachgebaut
sowie gefundene restauriert.
Vindeboder 12 • www.vikingeskibs
museet.dk • Juli, Aug. tgl. 10–17,
Sept.–Juni tgl. 10–16 Uhr • Eintritt
100 (Winter 70) DKK, Kinder frei

Ziele in der Umgebung

◎ Kalundborg   ▶ S. 152, A 10

20 000 Einwohner

Der moderne Industriehafen sollte
Sie nicht vom Besuch der Stadt ab-
halten, findet sich hier doch ein
sehr schön erhaltenes Zentrum. Ur-
altes Kopfsteinpflaster und fotogenes
Fachwerk reihen sich rund um die
mittelalterliche Kirche.
63 km westl. von Roskilde

SEHENSWERTES

Vor Frue Kirke

Schon von Weitem ist diese beeindruckende Kirche, das Wahrzeichen
der Stadt, erkennbar. Bemerkenswert sind der Grundriss in Form
eines griechischen Kreuzes und die
fünf hohen Türme. Eine solche Anlage gibt es in Dänemark kein zweites Mal.

◎ Køge   ▶ S. 152, C 10

38 000 Einwohner

Die Nähe zur Hauptstadt ist in
Køge überall spürbar, die industriel-
le Ausdehnung Kopenhagens macht
sich zum Beispiel am mächtigen Industriehafen der Stadt bemerkbar.
Vom Innenstadtbild aber ist Køge
sicherlich eine der schönsten dänischen Städte. Rund um den Marktplatz (Kopfsteinpflaster) sind sehr
viele alte Häuser erhalten geblieben.
Das Haus Kirkestræde 20 ist das
älteste datierbare Fachwerkhaus Dänemarks, es wurde 1527 errichtet.
Einen kurzen Besuch lohnt auch das
Køge Museum in der Norregade 4,
das einen Einblick in die Entwicklung der Stadt gewährt. Im **Kunstmuseet Køge Skitsesamling** werden Skizzen zu bekannten Kunstwerken gezeigt.
25 km westl. von Roskilde

Jütland
Dänemarks einziges Festland reizt durch endlose Sandstrände im Norden und Westen. Im Osten hingegen bezaubern lebhafte Städte wie Århus und Aalborg, Randers und Horsens.

◀ Kleinod auf der jütischen Halbinsel
Als: das Städtchen Sønderborg (▶ S. 86)
und sein malerischer Hafen.

Jütland ist voller Kontraste. Städte an
der Ostküste, endlose Strände an der
Westküste. Bis zu 160 m erhebt sich
die Landschaft rund um die Silkeborger Seenplatte, an Jütlands Nordspitze kann mit dem einen Bein in
der Nordsee und mit dem anderen
in der Ostsee stehen. Das boomende
Industriedreieck zwischen Fünen,
Kolding und Vejle kontrastiert mit
den weiten Agrarflächen im Lan-
desinneren. Und das Dänisch eines
Südjüten klingt auch deutlich anders
als das eines Nordjüten.
Gerade diese Kontraste sind es, die
den Reiz des dänischen Festlandes
ausmachen. Die Ostküste bietet mit
Århus und Aalborg die zweit- und
die viertgrößte Stadt des Landes und
mit Kolding, Vejle und Randers weitere wichtige Zentren. An der Westküste beginnt nördlich von Esbjerg,
der einzigen Stadt, der weite, weite
Strand bis hinauf nach Grenen, der
jütischen Nordspitze. Dort dominiert die flache Natur, während Jütlands nördliche Mitte um Holstebro
und Silkeborg spürbar hügeliger und
voller Heideflächen ist. Und ganz
besonders ist sicherlich der Süden,
wo der deutsche Einfluss vielfach
spürbar ist und wo man »Moin« statt
»Hej« sagt.

Aalborg   ▶ S. 149, D 2

158 000 Einwohner

Der Aquavit hat den Namen der
Stadt um die Welt getragen. Doch
Aalborg ist mehr als die Heimat
des Kümmelschnapses. Das Tor
nach Nordjütland besitzt eine schöne Fußgängerzone, bemerkenswerte

Jütland

Kopenhagen

Seeland

Bornholm

Fünen und   Lolland, Falster
südfünische   und Møn
Inseln

Museen und ein reizvolles Umland
rund um den Limfjord. Da schreckt
selbst der Industriehafen nicht, der
daran erinnert, dass die Stadt schon
seit altersher ein bedeutendes Handelszentrum ist. Um seine lange Historie zu unterstreichen, schreibt sich
der Ort in der alten Schreibweise
mit dem doppelten A am Anfang
statt des Å.

SEHENSWERTES
Jens Bangs Stenhus

Eines der schönsten nordeuropäi-
schen Bürgerhäuser der Renaissance,
1624 erbaut. Das steinerne Gesicht
mit der ausgestreckten Zunge stellt
Jens Bang selbst dar
Østerågade 9

Lindholm Høje

Nördlich des Limfjords befindet sich
eines der größten prähistorischen
dänischen Gräberfelder mit zahlreichen Steinsetzungen. Im benachbarten Museum wird versucht, das
Leben in der Eisen- und Wikingerzeit nachzuzeichnen.
Nørresundby, Vendilavej 11 • April–
Mitte Okt. tgl. 10–17, Mitte Okt.–
März Di–So 10–16 Uhr • Eintritt
60 DKK, Kinder frei

Aalborg Tårnet

Vom Turm im Süden der Stadt hat man einen sehr schönen Ausblick auf Stadt und Hafen sowie über das Umland mit dem Limfjord. Der Fahrstuhlführer serviert zwischen den Fahrten noch schnelle Küche.
Sdr. Skovvej 30 • Mitte April–Mitte Juni, Mitte Aug.–Sept. tgl. 11–17, Mitte Juni–Mitte Aug. tgl. 10–19 Uhr • Eintritt 30 DKK, Kinder 20 DKK

MUSEEN

Kunsten

Eines der großartigsten dänischen Kunstmuseen. In großen, hellen Räumen wird ein eindrucksvolles Panorama dänischer Kunst der letzten beiden Jahrhunderte gezeichnet. Ergänzt wird die Schau durch Werke aus aller Welt und Sonderausstellungen. Zu den Architekten des Gebäudes zählte auch der finnische Baumeister Alvar Aalto.
Kong Christians Allé 50 • www.kunsten.dk • Di–So 10–17 Uhr • Eintritt 60 DKK, Kinder frei

Søfarts- og Marinemuseum

Schiffsliebhaber und Marinefans werden hier gut bedient. Kriegsschiffe können begangen werden, Tafeln und Schaukästen illustrieren die Historie der dänischen Marine, aber auch des Aalborger Hafens.
Vestre Fjordvej 81 • www.aalborgmarinemuseum.dk • Mai–Sept. tgl. 10–18, Okt.–April tgl. 10 –16 Uhr • Eintritt 80 DKK, Kinder 40 DKK

ÜBERNACHTEN

Radisson SAS Limfjord Hotel

Zentral • Keine schöne Lage, kein schöner Bau und trotzdem sehr beliebt. Das liegt an den komfortablen Zimmern und dem Casino.
Ved Stranden 14–16 • Tel. 98 16 43 33 • 180 Zimmer • ♿ • €€€

Scheelsminde

Herrschaftlich • Etwas außerhalb gelegenes Hotel auf einem Landsitz, deshalb auch mit einer ganz eigenen, großzügigen Atmosphäre. Die Küche des hauseigenen Restaurants gilt als eine der besten der weiteren Umgebung.
Scheelsmindevej 35 • Tel. 98 18 32 33 • www.scheelsminde.dk • 96 Zimmer • €€

ESSEN UND TRINKEN

Die **Jomfru Ane Gade** ist die gastronomische Gasse schlechthin. Kneipe an Kneipe, Restaurant an Restaurant. Die Straße ist landesweit berüchtigt, wobei übertrieben wird. Aalborg hat sich mittlerweile auch als Gourmet-Stadt einen Namen gemacht.

Mortens Kro

Avantgarde • Wohl das derzeit beste Restaurant der Stadt, Morten Nielsen kombiniert dänische Küche mit den Einflüssen des Mittelmeeres, das alles in sehr coolem Interieur. Am Wochenende legen international bekannte DJs etwa ab 23 Uhr auf.
Mølleå 4–6 • Tel. 98 12 48 60 • www.mortenskro.dk • Mo–Sa ab 17.30 Uhr • €€€€

Rosdahls

Mediterran • Hervorragende Mittelmeerküche, die vorwiegend klassische französische Gerichte serviert, aber es gibt auch Einflüsse aus Italien und Spanien. Kein Wunder bei einem italienischen Besitzer.
Strandvejen 6 • Tel. 98 12 05 80 • www.rosdahls.dk • Mo–Sa 11.30–15, 17.30–21.30 Uhr • €€€€

Das Restaurant Mortens Kro (▶ S. 64) in Aalborg zählt zu den kulinarischen Highlights Jütlands. Serviert wird dänische Küche mit mediterranem Einschlag.

Duus Vinkjælder

Rustikal • Solche Orte gibt es in Dänemark nur wenige, und deshalb lieben die Dänen sie so: Das Duus Vinkjælder in Jens Bongs Stenhus (▶ S. 63) ist ein richtiger Keller mit Gewölbe, Kerzen und rustikalen Tischen.
Østerågade 9 • Tel. 98 12 50 56 •
Mo–Mi 11–24, Do–Sa 11–2 Uhr • €

SERVICE
AUSKUNFT
Visit Aalborg

Kjellerups Torv 5, 13. niveau • Tel.
99 31 75 00 • www.visitaalborg.com

Ziele in der Umgebung

◎ Frederikshavn ▶ S. 149, E 1
35 000 Einwohner
Frederikshavn ist architektonisch nicht sonderlich aufregend, doch die vielen Besucher aus Schweden und Norwegen schlendern durch die Hafenstadt und schauen nach allem, was günstiger ist als daheim.
63 km nordöstl. von Aalborg

MUSEEN
Bangsbo-Museum

Ein interessantes Heimatmuseum, das am Südrand der Stadt in sehr schöner Umgebung (Rotwild-Park!) liegt. Dokumentiert wird die Geschichte der Region von der Frühzeit bis in unser Jahrhundert, sehenswert die Darstellung der Besatzungszeit.
Dr. Margrethesvej 6 • Juni–Aug.
tgl. 10–16, Sept.–April Mo–Fr 10–16 Uhr • Eintritt 50 DKK

◎ Løkken ▶ S. 149, D 1
9000 Einwohner
Løkken ist der einzige größere Ort unmittelbar an der Jammerbucht. Hervorragende breite Strände locken Jahr für Jahr Zigtausende an die Küste zwischen Hanstholm und

Hirtshals. Zahlreiche Campingplätze und unzählige Sommerhäuser stehen für die Übernachtung bereit. Boutiquen und Kneipen warten auf Touristen. Surfer finden ein ideales Gebiet. Leider darf der Strand zwischen Grønhøj und Rødhus mit dem Auto befahren werden, was die Ruhe erheblich stört und den Strand für Kinder nicht gerade ungefährlich macht.

51 km nordwestl. von Aalborg

SEHENSWERTES
Rubjerg Knude

Einige Kilometer nordlich erhebt sich mit Rubjerg Knude eine eindrucksvolle Steilküste. Der unaufhörliche Wind trägt den Dünensand ins Landesinnere und wird den Leuchtturm eines Tages vollständig begraben haben. Ein weiteres Stückchen nördlich stand die leer geräumte **Mårup Kirche**, deren Grund

von Meer und Sturm so weit erodiert war, dass man die Kirche im Herbst 2008 abtragen musste.

◎ Mors ▶ S. 148, B 3

Der Sage nach soll Jütland nach dem Vorbild Mors' geformt worden sein, denn beide weisen ähnliche Formen auf. Tatsächlich haben Geologen hier zahlreiche prähistorische Funde machen können, auch Spuren vulkanischer Aktivitäten wurden entdeckt. Größter Ort der Insel ist **Nykøbing Mors**, ein beschaulicher Ort mit der Skt. Clemens Kirke von 1891 und über 30 verteilt stehenden Skulpturen. Östlich von Mors liegt die Insel **Fur**, auf der die Welt tatsächlich stehen geblieben zu sein scheint. Auch dort haben Geologen interessante Funde machen können, so etwa in einem Stein eine Schildkröte aus dem Tertiär.

101 km südöstl. von Aalborg

Die Promenade entlang dem Flussufer in Århus (▶ S. 67), wo in früheren Zeiten der Markt abgehalten wurde, ist heute von unzähligen Cafés und Restaurants gesäumt.

◎ Skagen ▸ S. 149, E 1
15 000 Einwohner

Traumhaft – und im Sommer überlaufen. Jütlands Nordspitze zog um die Jahrhundertwende zahlreiche Maler an, deren Gemälde wiederum diesen Landstrich populär machten. Heute folgen unzählige Besucher den Spuren der Maler. Skagen wirkt entsprechend touristisch. Wer die Chance hat, hier in der Nebensaison hinzukommen, sollte dies tun. Dann kann Skagen seine eigentliche Schönheit voll zur Geltung bringen. 107 km nordöstl. von Aalborg

SEHENSWERTES
Grenen 5

Nördlicher geht es in Dänemark nicht. Vom Parkplatz aus sind es noch gut 20 Min. zu Fuß am Strand entlang (festes Schuhzeug!), bis man jenen Punkt erreicht, an dem Nord- und Ostsee zusammenrauschen. Alternativ kann man sich vom Parkplatz auch mittels Trecker dorthin fahren lassen. Ein eigenartiger wie einzigartiger Ort. Ein kleiner Schaumkronenstreifen deutet an, wo die Meere ineinanderfließen. In Gedanken versunken, lauscht man dem Rauschen der Wellen und erinnert sich der Schiffe, die hier ihr Ende fanden.

Råbjerg Mile

Råbjerg Mile ist eine 30 m hohe, unter Naturschutz stehende Wanderdüne. Südlich von Skagen folgen Sie bei Hulsig der Ausschilderung.

Den Tilsandede Kirke

Einst stand hier, südlich von Skagen, eine Kirche, der Wind deckte sie allerdings mehr und mehr mit Sand zu, sodass sie 1795 geschlossen wurde. Heute sieht man von ihr nur mehr den Turm.

MUSEUM
Skagens Museum

Das Ehepaar Anna und Michael Ancher begründete hier um die Jahrhundertwende eine Künstlerkolonie. Maler wie P. S. Krøyer und Schriftsteller wie Holger Drachmann kamen. Die »Skagenmaler« wurden weltweit zum Begriff. Das Museum stellt ihre Werke aus.
Brøndumvej 4 • www.skagens museum.dk • Mai–Aug. tgl. 10–17, Mi bis 21, Sept.–April Di–So 10–17 Uhr • Eintritt 80 DKK, Kinder frei

Århus ▸ S. 149, E 4
275 000 Einwohner
Stadtplan ▸ S. 69

In Århus, Dänemarks zweitgrößter Stadt, pulsiert das Leben. Die Fußgängerzone wartet mit vielen attraktiven Boutiquen auf. Besonders reizvoll ist das alte Århus nördlich von Store und Lille Torv, wo sich Cafés, Boutiquen und Galerien aneinanderreihen. Nicht ohne Grund wird hier von Århus' **Quartier Latin** gesprochen. In den Jazzkellern wird bis tief in die Nacht bei Livemusik geklönt. Einzigartige **Museen** wie das Frauenmuseum oder das Freilichtmuseum **Den Gamle By** suchen

ihresgleichen. Nicht versäumen soll-
te man einen Besuch bei dem 2000
Jahre alten »Grauballemann«, einer
Moorleiche, die 1952 im Nebelgårds
Mose, einem Kesselmoor nordöst-
lich von Silkeborg, gefunden wurde.

SEHENSWERTES

Dom   ▸ S. 69, c 3

Zu Beginn des 13. Jh. entstand hier
zunächst ein romanisches Gebäude,
das später jedoch eine gotische Prägung erhielt. Keine andere dänische
Kirche besitzt so viele Kalkmalereien
wie der Dom von Århus.
Store Torv • Mai–Sept. 9.30–16,
Okt.–April Mo–Sa 10–15 Uhr

Marselisborg Slot og Park
▸ S. 69, südl. c 4

Hier genießen Königin und Prinz
ihre Sommerferien. Ihre Anwesen-
heit signalisiert die gehisste Fahne,
dann findet auch um 12 Uhr der
Aufzug der königlichen Garde statt.
Sind die beiden hingegen nicht zu-
gegen, darf das gemeine Volk den
Schlossgarten betreten und die wunderschönen Rosenbeete bestaunen.
Kongevejen 100 • Eintritt frei

Rosenholm Slot   ▸ S. 149, E 4

Nördlich von Århus liegt mit Rosenholm eines der schönsten dänischen
Schlösser. Mit dem Bau wurde 1559
begonnen, und seitdem hat er nur
wenige Änderungen erfahren. Gelegen in einem weitläufigen Park und
umgeben von einem breiten Wasser-
graben, präsentiert das Schloss im
Inneren u. a. prächtige spanische
Möbel und eine eindrucksvolle Por-
trätgalerie der bisherigen Besitzer.
Hornslet • www.rosenholmslot • Juli–
Mitte Aug. tgl. 11–16 Uhr • Eintritt
75 DKK

Rådhus   ▸ S. 69, b 4

Etwas eigenartig in all der historischen Umgebung nimmt sich das
funktionalistische Rathaus aus, das
1941 errichtet wurde. Der 60 m hohe
Rathausturm wurde angeblich nur
auf Wunsch der Stadtväter gebaut.
Rådhuspladsen

Tivoli Frihenden 👫 ▸ S. 69, südl. c 4

Kopenhagen hat ihn, Odense eben-
so, da braucht auch Århus seinen
Tivoli mit Karussells, Loopingbahn,
Booten und Freilichtbühne.
Skovbrynet • www.friheden.dk •
Mitte April–Mitte Juni 12–22, Mitte
Juni–Mitte Aug. 12–23 Uhr • Eintritt
205 DKK, Kinder 185 DKK

Vikingecenter Fyrkat ▸ S. 149, D 3

In Hobro stand einst eine von den
Wikingern errichtete militärische
Anlage aus Langhäusern. Heute sind
nur noch die Grundrisse markiert.
Ein zeittypisches Haus wurde nach-
gebaut, die auf dem Gelände getä-
tigten Funde sind im **Museum** der
Stadt zu sehen. Nebenan kann man
eine alte **Mühle** besichtigen.
Hobro, Fyrkatvej 45 • Ostern–Mai,
Sept.–Mitte Okt. tgl. 10–16, Juni–
Aug. tgl. 10–17 Uhr • Eintritt 70 DKK
80 km nördl. von Århus

MUSEEN

ARoS ✡   ▸ S. 69, a 3

Je näher man dem Backstein-Kubus
kommt, desto neugieriger wird man.
Geht man die Rampen dann hinauf,
so öffnet sich dem Besucher eine
wirklich hervorragende Sammlung.
Der Schwerpunkt liegt auf dänischer
Malerei, das Museum besitzt von
zahlreichen Künstlern viele zentrale
Werke; außerdem gibt es ein Expe-
rimentiermuseum für Kinder. Vom

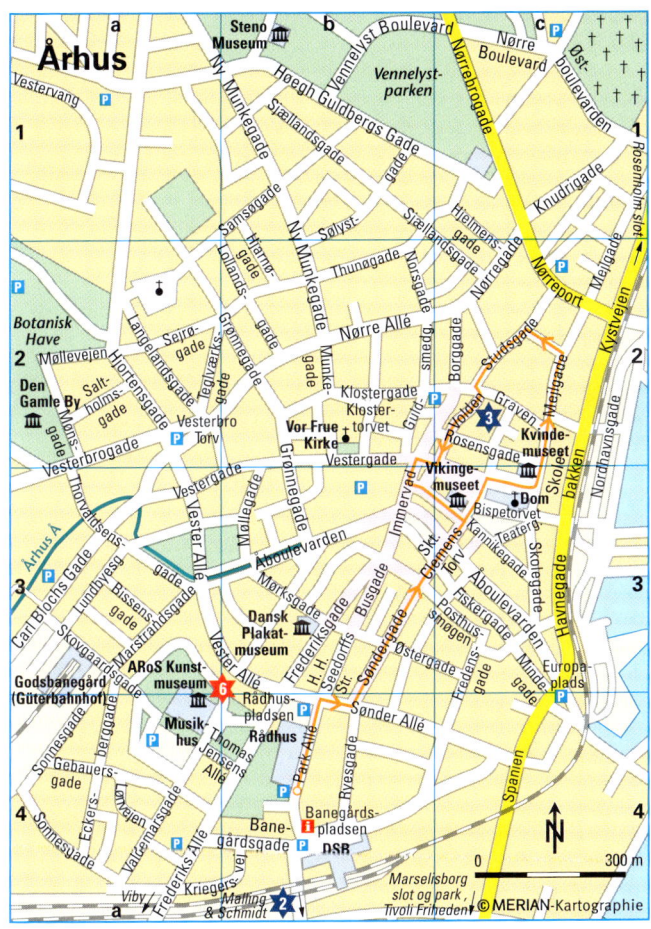

Dach aus kann man zudem einen schönen Blick über die Stadt genießen.

ARoS Allé 2 • www.aros.dk • Di, Do–So 10–17, Mi 10–22 Uhr • Eintritt 95 DKK, Kinder frei

Den Gamle By   ▶ S. 69, a 2

Aus verschiedenen Teilen Dänemarks hat man alte Kaufmannshäuser in diesem Freilichtmuseum wiederaufgebaut. Gezeigt wird somit ein Stückchen der dänischen Kulturgeschichte zwischen dem 17. und 20. Jh. Das ist abwechslungsreich, lehrreich und interessant – für Kinder wie Erwachsene gleichermaßen.

Viborgvej 2 • www.dengamleby.dk • Juni–Aug. tgl. 9–18, Mai, Sept. 10–17, April, Okt., Dez. 10–16, Jan.–März, Nov. 11–15 Uhr • Eintritt 125 DKK, Kinder frei

Forhistorisk Museum
Moesgård ▸ S. 69, südl. c 4

Das eindrucksvolle Museum über die dänische Frühzeit zeichnet die Epoche von der Stein- bis zur Wikingerzeit anhand zahlreicher Funde nach. Besonderes Augenmerk verdient die über 2000 Jahre alte Moorleiche »Grauballemann«.
Højbjerg, Moesgård Alle 20 • www. moesmus.dk • April–Sept. tgl. 10–17, Okt.–März. Di–So 10–16 Uhr • Eintritt 60 DKK, Kinder frei

Kvindemuseet ▸ S. 69, c 2/3

Das Frauenmuseum dokumentiert die Veränderung der gesellschaftlichen Rolle der Frau. Historische Bilder und Dokumente zeichnen den Weg der Emanzipation nach.
Domkirkeplads 5 • http://kvinde museet.dk • Sept.–Mai Di–So 10–16, Mi 10–20, Juni–Aug. tgl. 10–17, Mi 10–20 Uhr • Eintritt 40 DKK, Kinder frei

Steno Museet/Danmarks
Videnskabshistoriske
Museum 👪 ▸ S. 69, b 1

Eines der besten Museen der Stadt, selbst an Naturwissenschaften eigentlich nicht Interessierte kommen hier auf ihre Kosten. Das Museum bietet tolle Einblicke in die Welt der Physik, Chemie, Medizin etc. Auch für Kinder faszinierend.
C.F. Møllers Allé, Universitätspark, Gebäude 100 • www.stenomuseet. dk • Di–Fr 9–16, Sa, So 11–16 Uhr • Eintritt 30 DKK, Kinder frei

Vikinge Museum ▸ S. 69, c 3

Ein kleines Museum im Keller der Unibank gegenüber vom Dom. Während Kellerarbeiten fand man hier Siedlungsreste aus der Wikingerzeit.

Clemens Torv • geöffnet während der Geschäftszeiten • Eintritt frei

SPAZIERGANG

Stadtplan ▸ S. 69

Ausgangspunkt ist die Touristeninformation in der Park Allé. Hier können Sie auch gleich einen Blick auf das funktionalistische **Rathaus** werfen. Vom Rådhuspladsen gelangen Sie rasch in die Fußgängerzone (Søndergade).
Falls Ihnen am Ende nach einer Pause zumute ist, können Sie am Sct. Clemens Torv rechts in die Kannikegade gehen, über die Sie zur Skolegade gelangen, wo Sie zahlreiche Kneipen finden. Wie auch immer – nächste Station ist der **Dom**. Nach dem Besuch der Kirche biegen Sie in die Mejlgade ein, am **Frauenmuseum** vorbei und jeweils links in Snevringen und Studsgade. Von hier über Volden und Badstuegade zum Lilletorv, so gewinnen Sie einen guten Eindruck von Århus' **Quartier Latin**. Geradeaus in Immervad hinein, dann links in die Skt. Clemens Stræde und zum Skt. Clemens Torv.
Dauer: 2 Std.

ÜBERNACHTEN

Atlantic ▸ S. 69, c 3

Zentral • Stadtnähe bedeutet manchmal auch Verkehrslärm. Wer sich an der Durchgangsstraße nicht stört, kann dafür die Aussicht über den Hafen genießen.
Europaplads • Tel. 86 13 11 11 • www. choicehotels.dk • 102 Zimmer • ♿ • €€€

Marselis ▸ S. 69, südl. c 4

Tolle Lage • Ein erstklassiges Hotel im Süden von Århus. Unmittelbar

Ein Blickfang im ARoS Kunstmuseum (▶ S. 68) ist die 5 m hohe Skulptur eines Jungen. Gefertigt wurde der »Crouching Boy« vom australischen Künstler Ron Mueck.

am Wasser gelegen, mit sehr geschmackvollen, modernen Zimmern. Gutes Buffet.
Strandvejen 25 • Tel. 86 14 44 11 • www.marselis.dk • 118 Zimmer • €€€

Hotel Guldsmeden
▶ grüner reisen, S. 19

ESSEN UND TRINKEN
Koch   ▶ S. 69, östl. c 1
Erstklassig • Die Zwillinge Jesper und Michael Koch bieten kreative

Küche mit Einflüssen aus Dänemark und dem Mittelmeer, dazu Weine zu äußerst zivilen Preisen. Entspannte Atmosphäre direkt am Wasser.
Pakkerivej 2 • Tel. 86 18 64 00 • www.kocherier.dk • Do–Fr ab 18.30 Uhr • €€€€

Malling og Schmidt
▶ MERIAN-Tipp, S. 16

Brasserie Belli   ▶ S. 69, b 3
Besonders freundlich • Über Tag eher ein Café mit kleineren war-

men Gerichten und Smørrebrød, abends ein Restaurant mit gepflegter Mittelmeerküche. Inhaberin Trine Belli war übrigens zunächst Seiltänzerin im berühmten Circus Belli ihrer Großeltern.

Frederiksgade 54 • Tel. 86 12 07 60 • www.belli.dk • Mo–Sa 11–23 Uhr • €€€

Gyngen
▶ grüner reisen, S. 20

EINKAUFEN

Einkaufsmöglichkeiten bietet das lebhafte Århus natürlich jede Menge. In der Fußgängerzone stehen gleich zwei große Kaufhäuser, nämlich eine Filiale des Magasin du Nord sowie das traditionsreiche Salling. Auch sonst findet man zwischen Bahnhof und dem Bispetorvet, auf dem der Dom steht, Geschäfte für jedes Anliegen und jede Preisklasse. Unmittelbar an den Bahnhof schließt sich Bruun's Galleri an, ein großes Einkaufszentrum mit dem für diese Häuser üblichen Charme. So richtig spannend wird es allerdings nördlich des Lille Torv. Dort beginnt das sogenannte Latinerkvarter mit seinen ungewöhnlichen Geschäften. Hier macht Bummeln Spaß!

SERVICE
AUSKUNFT
VisitAarhus   ▶ S. 69, b 4

Banegårdspladsen 20 • Tel. 87 31 50 10 • www.visitaarhus.com • Jan.–Aug. Mo–Do 10–17, Fr 10–16 Uhr

Ziele in der Umgebung
◎ **Ebeltoft**   ▶ S. 149, E 4

13 000 Einwohner
Dänen wie ausländische Besucher schwärmen von Ebeltoft. Und für-

wahr besitzt die Stadt im Süden der jütischen »Nase« Djursland großen Charme. Doch die viel beschworene schöne Bebauung Ebeltofts ist schnell gesehen. Ein Spaziergang durch die Fußgängerzone Adelgade dauert auch bei gemächlichem Gang nur eine Viertelstunde. Was Ebeltoft darüber hinaus interessant macht, sind die mittlerweile rekonstruierte **Fregatte** »Jylland«, das **Glasmuseum** und der beeindruckende **Windmühlenpark** am Fährhafen. Der Strand ist recht gut, die Bucht bei Surfern beliebt.

49 km östl. von Århus

SEHENSWERTES
Fregatte »Jylland« ♟♟

Viele Jahre wurde das längste Holzschiff der Welt mit viel Sorgfalt restauriert. Es wurde 1860 gebaut und nahm 1864 am Seegefecht vor Helgoland teil. Heute können Groß und Klein auf und unter dem Deck umherklettern. Nebenan kann man zudem das letzte aktive Leuchtschiff, »Fyrskib XXI«, aus dem Jahre 1911 bestaunen.

Nov., Feb., März tgl. 10–15, April, Okt. tgl. 10–16, Mai–Sept. tgl. 10–17 Uhr • Eintritt 110 DKK, Kinder 80 DKK

MUSEUM
Glasmuseet

Ein Gang durch dieses Museum gehört zum Pflichtprogramm eines Ebeltoft-Besuches. Eindrucksvoll werden hier die Ergebnisse wirklicher Glasbläserkunst gezeigt. Im Hof kann man im Sommer zusehen.

Strandvejen 8 • www.glasmuseet.dk • Juli, Aug. 10–18, April–Juni, Sept., Okt. 10–17, Nov.–März Di–So 10–16 Uhr • Eintritt 85 DKK, Kinder frei

Einzigartig: Im Freilichtmuseum Den Gamle By (▶ S. 69) kann man eine Zeitreise in das dänische Leben früherer Jahrhunderte unternehmen.

◎ Randers ▶ S. 149, D 4

62 000 Einwohner

Die sechstgrößte Stadt Dänemarks versucht den Spagat zwischen Alt und Neu. Bei der Anfahrt erscheint sie aufgrund des wirtschaftlichen Wachstums in den Randbezirken nicht sonderlich attraktiv. Im Ortskern erweist sich Randers dann allerdings als historisch gut erhalten und durchaus reizvoll. Einige schöne Museen und die recht ansprechende Fußgängerzone lohnen durchaus einen Besuch.

38 km nordwestl. von Århus

SEHENSWERTES

Innenstadt

Von den Gebäuden in der Innenstadt verdienen einige besondere Beachtung. So das prachtvolle alte, im Barockstil erbaute Rathaus (1778), das 1930 auf Rollen gesetzt und um 3 m nach hinten verlegt wurde, um eine Straßenerweiterung zu ermöglichen. Des Weiteren sind die Häuser Brødregade 24–26 und St. Kirkestræde 2 beachtenswert, und auch das Helligåndshus in der Torvegade, der Rest des um 1550 aufgegebenen Heiliggeistklosters, sollte nicht vergessen werden.

Randers Regnskov 👫

An der Ringstraße gelegen, bietet dieser tropische Regenwald bei 25 °C und 99 % Luftfeuchtigkeit exotische Tiere aus aller Welt, die nicht nur zur Schau gestellt werden, sondern über die auch viel Wissenswertes vermittelt wird.

Torvebryggen 11 • www.regnskoven. dk • Juni, Juli 10–18, Aug. 10–17, Sept.–Mai Mo–Fr 10–16, Sa, So 10–17 Uhr • Eintritt 165 DKK, Kinder 95 DKK

MERIAN-Tipp ★ 6

HJEJLEN ▸ S. 149, D 4

Zum Pflichtprogramm eines jeden Silkeborg-Besuchers gehört eine Fahrt mit »Hjejlen«, dem ältesten Raddampfer der Welt. Die Fahrt führt über die Silkeborger Seenplatte u. a. zum **Himmelbjerg**. Das Schiff verkehrt allerdings nur im Hochsommer, während die anderen Ausflugsboote noch ein paar Wochen länger fahren. Da aber eigentlich alle mit »Hjejlen« fahren wollen, empfiehlt sich die frühzeitige Information über die Abfahrtzeiten. Vom Anleger zu Füßen des Himmelbjergs geht es dann noch ein Stück auf schönen Wald- und Heidewanderwegen in einer knappen halben Stunde hinauf zum Gipfel. Kondition und festes Schuhzeug sind dennoch angeraten.
www.hjejlen.com • Fahrpreis Silkeborg–Himmelbjerget und zurück 135 DKK, Kinder 80 DKK

Veteranjernbane

Im Juli fährt ein historischer Zug sonntags mindestens zweimal die 32 km lange Strecke nach Handest und Mariager. Der älteste Wagen stammt aus dem Jahre 1897. Einer der schönsten dänischen »Veteranenzüge«. Die Abfahrtszeiten erfahren Sie beim Touristenbüro.
www.jernbaner.dk/mhvj

MUSEEN

Kulturhistorisk Museum

Das Museum zeigt die Geschichte der Region von der Eis- über die Wikinger- bis zur Neuzeit. Dazu gehören historische Werkzeuge ebenso wie kirchliches Inventar und ein alter Kaufmannsladen. Besonders schön: die voll eingerichteten Zimmer aus der Zeit um 1900.
Stemannsgade 2 • Di–So 11–17 Uhr • Eintritt frei

Kunstmuseum

Das Museum, ebenfalls im Kulturhaus untergebracht, bietet einen sehr schönen Überblick über die letzten 200 Jahre Malerei. Vertreten sind in erster Linie dänische Künstler wie Weie, Høst, Isakson, Lundstrøm, Dalsgaard oder Anna und Michael Ancher, aber auch ausländische Größen wie Andy Warhol.
Stemannsgade 2 • www.khm.dk • Di–So 11–17 Uhr • Eintritt frei

◎ **Samsø** ▸ S. 151, E 5
4300 Einwohner

Von Jütland wie Seeland gleichermaßen gut mit dem Schiff zu erreichen ist die Insel Samsø. Die Insel ist 28 km lang und zwischen 600 m und 7 km breit. Eine flache Landschaft und viele kleine Dörfer prägen Samsø, insgesamt geht es hier noch beschaulicher zu als auf dem Festland. Sehenswert sind die Orte Tranebjerg, Nerdby und vor allem Besser. Die Strände sind recht gut und erfreuen sich gerade unter Surfern großer Beliebtheit. Dank der wenigen Steigungen eignet sich Samsø auch gut zum Radfahren, wenngleich die stetige Brise nicht zu unterschätzen ist. Man sollte sich zumindest einen Tagesausflug nach Samsø gönnen und auf der Heimfahrt unbedingt die heimischen Kartoffeln mitnehmen: Samsøer Kartoffeln gelten zu Recht als Delikatesse.
39 km östl. von Århus

◎ Silkeborg   ▸ S. 149, D 4

50 000 Einwohner

Zu den begehrtesten Zielen in Dänemark zählt ohne Zweifel Silkeborg. Das liegt sicherlich auch an der recht schönen Stadt – die noch recht »jung« ist und erst seit 1900, der Zeit des industriellen Aufschwungs, diesen Status besitzt –, noch viel mehr allerdings an der einzigartigen Umgebung. Südlich der Stadt erstreckt sich ein wunderschönes Seengebiet. Setzt man Dänemark zumeist mit einer flachen Landschaft gleich, so entdeckt man hier noch eine andere Facette. Hier erhebt sich Dänemarks **Hochland** bis zu 172 m. Das Gebiet ist stark bewaldet, reich an Binnenseen und wird von Dänemarks größtem Flusslauf, der Gudenå, durchzogen. So kommen hier vor allem auch die Kanuten zu ihrem Recht. Unbestrittener Höhepunkt ist aber die Fahrt mit »Hjejlen«, dem ältesten Raddampfer der Welt (▸ MERIAN-Tipp, S. 74). Und an nur wenigen Orten der Welt liegen Campingplätze vergleichbar idyllisch am Wasser. 43 km westl. von Århus

SEHENSWERTES

AQUA – Ferskvands Akvarium & Museum 👫

Hier ist die Perspektive verkehrt worden. Die Besucher drehen innen auf unterschiedlichen Niveaus ihre Runde, während die Bassins außen sind. Ein interessant aufgemachtes Aquarium, das 1993 eröffnet wurde und bei dem besonders ökologische Aspekte berücksichtigt worden sind. Vejlsøvej 55 • www.ferskvands centret.dk/aqua • Mitte Juni–Mitte Aug. tgl. 10–18, Mitte Aug.–Mitte Juni Mo–Fr 10–16, Sa, So 10–17 Uhr • Eintritt 115 DKK, Kinder 60 DKK

MUSEEN

Museum Jorn

Das Museum gibt einen sehr schönen Überblick über moderne dänische Kunst und wird von der eigenen Sammlung Asger Jorns (1914–1973) sowie dessen Gesamtwerk entscheidend geprägt. Gudenåvej 7–9 • www.museumjorn. dk • April–Okt. Di–So 10–17, Nov.–März Di–Fr 12–16, Sa, So 10–16 Uhr • Eintritt 70 DKK, Kinder frei

---

WUSSTEN SIE, DASS …

… das teuerste dänische Bild von Asger Jorn gemalt wurde? 2002 verkaufte es der dänische Schlagzeuger Lars Ulrich (»Metallica«) über Christie's in New York für 14,512 Millionen DKK.

Silkeborg Museum

Wenngleich an guten Museen in Dänemark kein Mangel herrscht, ist dieses doch eines der besonderen.

MERIAN-Tipp   7

LÅSBY KRO   ▸ S. 149, D 4

Dieser behagliche Landgasthof erinnert an Großmutters Dänemark: kleine Räume, tiefe Decken, dunkle Möbel, Schwarzweißfotos an der Wand, einige Gästezimmer, traditionelle Gerichte. Die werden in großen Mengen aufgetischt. Kein Gourmet-Restaurant, sondern ein urgemütliches gutbürgerliches Lokal. Låsby, Hovedgaden 49 • Tel. 86 95 17 66 • www.låsby-kro.dk • Küche bis 21 Uhr

Geheimnisumwittert ist bis heute der »Tollundmann«, eine Moorleiche, die 1950 bei Silkeborg gefunden wurde und im dortigen Kunstmuseum (▸ S. 76) zu sehen ist.

Denn neben der Kulturgeschichte der Region ziehen der »Tollundmann« und das »Elling-Mädchen« das Interesse der Besucher auf sich. Im Mai 1950 wurde der »**Tollundmann**« 10 km westlich von Silkeborg im Bjældskovdal von Torfstechern gefunden. Es war die Leiche eines vermutlich besser gestellten Mannes, der in der Eisenzeit gehenkt und ins Moor geworfen wurde. Kopf und Füße sind mit der Zeit sorgfältig konserviert, der Rest rekonstruiert worden. In unmittelbarer Nähe war zwölf Jahre zuvor das »**Elling-Mädchen**« entdeckt worden, das ebenfalls gehenkt wurde. Darauf ließen Würgemale am Hals und eine gefunde Schlinge schließen. Hovedgårdsvej 7 • www.silkeborg museum.dk • Mitte April–Mitte Okt. tgl. 10–17, Mitte Okt.–Mitte April Mi, Sa, So 12–16 Uhr • Eintritt 50 DKK, Kinder frei

Esbjerg ▸ S. 150, B 6

83 000 Einwohner

Jahrhundertelang war Esbjerg ein ziemlich verschlafenes Hafenstädtchen; an der langen, flachen und sturmgepeitschten Küste führten die wenigen Bewohner ein hartes Dasein. Erst als Dänemark Mitte des 19. Jh. Husum als Hafen verlor und Esbjerg zum Ersatz erkor, begann das rasante Wachstum der heute fünftgrößten Stadt des Landes. Der Hafen ist das Tor zum Atlantik und der größte Fischereihafen Dänemarks. Das rasante Wachstum hat Esbjerg allerdings nicht zur Schönheit werden lassen. Eine lange, aber leicht kalt wirkende Fußgängerzone zieht sich durch die Stadt.

SEHENSWERTES

Hafenrundfahrt 👥

Unbedingt lohnenswert ist eine Fahrt durch den Hafen. Er ist die

Lebensader der Stadt, entsprechend laut und turbulent geht es hier zu. Je nach Witterungslage geht es auch noch hinaus zu den Seehundbänken. MS »Sønderho« • Juli, Aug. Mo–Do 11.20 und 14.20, Fr 10.40 Uhr • Dauer: ca. 2,5 Std. • Fahrpreis 120 DKK, Kinder 60 DKK

Mennesket ved Havet

9 m hoch sind jeweils die vier Gestalten, die nahe des Fischereimuseums unmittelbar am Meer sitzen. Sie bilden die Skulptur »Der Mensch am Meer«, die Svend Wiig Hansen entwarf und die 1995 enthüllt wurde. Dass klassische Skulpturen als Vorbild dienten, ist unverkennbar, gleichwohl wirkt das Werk modern und hat sich bereits zum Wahrzeichen der Stadt entwickelt.

Vandtårnet

Wer einen Überblick über den eindrucksvollsten Hafen Dänemarks bekommen möchte, sollte sich zum alten Wasserturm begeben. Bei gutem Wetter lohnt der Aufstieg. Havnegade 22 • Juni–Mitte Sept. tgl. 10–16, sonst Sa, So 10–16 Uhr • Eintritt 15 DKK, Kinder frei

MUSEEN

Bogtrykkemuseet

Hier ist richtig, wer sich für Druckkunst interessiert. Von 1850 bis 1950 reichen die Ausstellungsstücke (Setzkästen, Druckmaschinen). Borgergade 6 • www.bogtryk museet.dk • Juni–Okt. Mo, Do 12–16 Uhr • Eintritt 20 DKK, Kinder 10 DKK

Fiskeri- og Søfartsmuseet 👫👸

Dieses Fischerei- und Seefahrtsmuseum ist unbedingt einen Besuch wert. Eine Ausstellung zeigt das harte Leben der Fischer, und das Aquarium vermittelt spannende Einblicke in die dänische Meereswelt. In der Freilichtabteilung taucht man in das maritime Milieu ein. Höhepunkte für Kinder sind die täglichen Fütterungen der Seehunde (11 und 14.30 Uhr). Tarphagevej 2 • www.fimus.dk • Sept.–Juni 10–17, Juli, Aug. 10–18 Uhr • Eintritt 115 DKK, Kinder 90 DKK

ESSEN UND TRINKEN

Josef Kunstpavillonen

Toller Blick • Im Kunstmuseum eingerichtetes Restaurant mit reellem Preis-Leistungs-Verhältnis, extra Kindergerichte. Spitze ist die Aussicht über den großen Hafen. Havnegade 20 • Tel. 75 12 64 95 • Mo–Sa 11–16, 18–23, So 11.30–16 Uhr • €€€

Ziele in der Umgebung

◎ Fanø   ▸ S. 150, B 6

3000 Einwohner

Einst war die Insel Zentrum der dänischen Schifffahrt mit vier Werften und ca. 1000 dort gebauten Segelschiffen. Heute ist sie eines der großen dänischen Urlaubsgebiete mit Ferienzentren, ca. 2500 Ferienhäusern und diversen touristischen Einrichtungen. Fanø bietet alle Möglichkeiten für einen abwechslungsreichen Urlaub. Da ist zum einen der 18 km lange Strand, ideal zum Strandwandern, Reiten und Surfen. Zum anderen gibt es die kleinen, feinen Orte **Nordby** und **Sønderho**, die ihren historischen Charme sorgsam pflegen. Und schließlich kann man in den kleinen und attraktiven Museen in die Fanøer Historie eintauchen, am

Strand Bernstein suchen oder in der Meierei in Nordby den köstlichen Käse »Fanø Ost« erwerben. Und wer auf der Insel schon alles gesehen hat, macht einen Tagesausflug nach **Ribe** oder ins **Legoland** 🟥. Kein Wunder also, dass die Zahl der Stammgäste hier groß ist.
10 km südl. von Esbjerg

SEHENSWERTES
Hannes Hus
Dieses Gebäude aus dem 18. Jh. stellt ein typisches Kapitänshaus dar. Es war noch bis 1965 bewohnt.
Sønderho • Mitte Juni–Aug. tgl. 15–17 Uhr • Eintritt 10 DKK, Kinder 5 DKK

Nordby Kirche
Die kleine Kirche ist aufgrund ihrer neuen Schiffsmodelle und des seltenen bronzenen Taufbeckens unbedingt sehenswert. Die Orgel ist ein Geschenk König Christians VIII. nach einem Besuch im Jahre 1842.

MUSEEN
Fanø Flisesamling
Dänemarks vermutlich einziges Museum in einem Restaurant, nämlich im **Café Nanas Stue**. Als 15-Jähriger kaufte Jørgen Hahn seine erste Fliese, heute besitzt er ca. 1500 Stück. Seine Sammlung ist die Basis für dieses großartige Museum über die Fanøer Fliese, die von 1650 bis 1900 großes Ansehen genoss.
Sønderho • April–Okt. tgl. 11–22, Nov.–März Fr–So 12–22 Uhr • Eintritt frei

Fanø Skibsfart – og Draktsamling
Zwischen 1741 und 1900 erlebte Fanø seine Blütezeit. Das Museum zeigt all die Schiffstypen, die auf den heimischen Werften entstanden. Es dokumentiert das Leben auf der Insel, insbesondere das der Frauen, die hier ganz allein das häusliche Leben regeln mussten, während die Männer auf hoher See waren. Sehr sehenswerte Trachtensammlung.
Skolevej, Nordby • Mai–Sept. Mo–Sa 11–16, Okt., Nov., Feb., April Mo–Sa 11–13 Uhr • Eintritt 25 DKK, Kinder 5 DKK

ESSEN UND TRINKEN
Sønderho Kro
Urig • Mit Sicherheit die Nummer eins im gastronomischen Angebot der Insel. In der gediegenen historischen Atmosphäre wird mittags dänische Hausmannskost, abends feine dänisch-französische Küche zelebriert. Unbedingt reservieren!
Sønderho, Kropladsen 11 • Tel. 75 16 40 09 • tgl. 12–23 Uhr, Okt.–Feb. So, Mo geschl. • €€€

Holstebro ▶ S. 148, B 4
40 000 Einwohner

Eines der wichtigsten Einkaufszentren an der jütischen Westküste. Moderne und historische Gebäude bilden ein harmonisches Gleichgewicht. Vor dem Rathaus steht übrigens Giacomettis Skulptur »Frau auf Karren«, deren Kauf umstritten war, heute aber der Stolz der Stadt ist.

MUSEUM
Holstebro Museum/ Kunstmuseum
Man bezahlt einmal Eintritt und kann gleich zwei sehr lohnende Museen besuchen. Neben der bewegten Stadtgeschichte von den Wikingern bis heute zeigt das Stadtmuseum eine schöne Spielzeugsammlung, die Geschichte der Tabakfabrik Færch und Dokumente der Besatzungszeit.

»Der Mensch am Meer« (▶ S. 77) heißt das imposante Ensemble des Künstlers Svend Wiig Hansen in Esbjerg, das aus vier je 9 m hohen Betonstatuen besteht.

Das moderne Kunstmuseum beherbergt etliche dänische Künstler, internationale Größen wie Bacon, Picasso und Giacometti sowie Kunst aus Asien und Südamerika. Allein diese beiden Museen machen die Fahrt nach Holstebro lohnenswert! Museums vej 2 • www.holstebro-museum.dk • Juli, Aug. Di–So 11–17, Sept.–Juni Di–Fr 12–16, Sa, So 11–17, Okt.–März zusätzlich Mi 19–21.30 Uhr • Eintritt 50 DKK, Kinder frei

ÜBERNACHTEN

Borbjerg Mølle Kro

Idyllisch • Landgasthof gehobenen Anspruchs, die Zimmer sind originell nach bekannten Persönlichkeiten wie Hans Christian Andersen oder Regionen wie dem Swaziland eingerichtet. Das Restaurant bietet dänische Küche, herrlich ist der Blick über den See, wer mag, kann sich auf dem hauseigenen Golfplatz versuchen. Die Wassermühle ist noch aktiv. Borbjerg Møllevej 3 • Tel. 97 46 10 10 • www.borbjergmill.de • 27 Zimmer • €€

Ziele in der Umgebung

◎ **Thyborøn**   ▶ S. 148, A 3
5000 Einwohner
Ein wenig unwirtlich ist es hier am nördlichen Ende der Harboør-Landzunge schon. Das beginnt bereits mit der Anfahrt über den schmalen Damm, während der man eine Zeit lang von den unattraktiven Schornsteinen der Firma Cheminova begleitet wird. Thyborøn selbst ist dann ein typischer Fischerort mit Auktionshallen und Industrie. Am eher steinigen Strand kann man noch Bunker aus der deutschen Besatzungszeit sehen.
56 km südwestl. von Holstebro

SEHENSWERTES
Sneglehuset

1950 begann ein Fischer sein Haus mit Muscheln zu bekleben. Heute zeigt sich dem Besucher ein einmaliges Gebäude mit den fantasievollsten Motiven. Deshalb gehört das Haus auch zu den meistfotografierten des Landes. Im Inneren gibt es zudem eine Muschelsammlung.
April–Okt. 10–16, Feb., März, erste Nov.-Hälfte Di, Mi, So 11–14.15, Mitte Nov.–Jan. Di 11–14.15 Uhr • Eintritt 20 DKK, Kinder 5 DKK

MUSEEN
Jyllands Akvariet 🏃👶

Im Aquarium gibt es jede Menge Meerestiere zu beschauen, zum Teil auch zu berühren. Außerdem kann man selbst nach Bernstein suchen, eine große Bernsteinsammlung ist angeschlossen.

Vesterhavsgade 16 • www.jyllands akvariet.dk • tgl. 10–16 Uhr • Eintritt 45 DKK, Kinder 35 DKK

Kystcentret 🏃👶

Im Erlebniscenter kann man unter anderem Schiffe fernsteuern, Wellenenergie erzeugen, mehr über die Nordsee erfahren und Experimente durchführen. Eindrucksvoll sind die Filme im Surroundkino.
Kystcentervej 3 • www.kystcentret. dk • Jan.–Mitte Mai, Sept.–Nov. tgl. 10–16, Mitte Mai–Mitte Juni tgl. 10–17, Mitte Juni–Aug. tgl. 10–18 Uhr • Eintritt 90 DKK, Kinder 65 DKK

Kolding
59 000 Einwohner   ▸ S. 150, C 6

Eine attraktive und recht lebendige Einkaufsstadt. Wenngleich die durchgehend historische Bebauung fehlt, vermittelt Kolding dem Besu-

Etwas außerhalb von Kolding liegt das sehenswerte Kunstmuseet Trapholt (▸ S. 81); unter seinem Dach präsentiert es zeitgenössische dänische Kunst und Design.

cher doch eine gemütliche, einladende Atmosphäre. Einen Abstecher lohnt das nahe gelegene Kunstmuseet Trapholt.

SEHENSWERTES
Den Geografiske Have
Einer der größten und schönsten botanischen Gärten Skandinaviens. Besonders beeindruckend ist der Rosengarten, prachtvoll sind auch der Bambuswald und die Heilpflanzen. Ein Park zum Relaxen.
Christian d. 4 Vej • Mai–Sept. tgl. 10–18 Uhr • Eintritt 50 DKK, Kinder 25 DKK

MUSEEN
Koldinghus
Der Grundstein für das Schloss wurde im 13. Jh. gelegt. 1808 wurden hier während der Napoleonischen Kriege spanische Truppen einquartiert. Denen war anscheinend in dem nordischen Klima kalt, heizten sie doch so lange, bis das Schloss in Flammen aufging. 1890 begann man mit dem Wiederaufbau. In den heute eindrucksvoll rekonstruierten Räumen ist das **Koldinghus Museum** untergebracht. Es zeigt Kunst und Interieur aus den letzten Jahrhunderten sowie kunsthandwerkliche Ausstellungen. Eindrucksvoll ist auch das einstige Hauptquartier der Gestapo im Staldgården.
Nicht entgehen lassen sollte man sich den Blick vom Turm aus über den Fjord und die Stadt.
Tgl. 10–17 Uhr • Eintritt 70 DKK, Kinder frei

Kunstmuseet Trapholt
Das Haus liegt direkt am Koldingfjord und ist eines der sehenswertesten dänischen Kunstmuseen. In hellen und modernen Räumen wird dänische Kunst des 20. Jh. gezeigt (Jacobsen, Mortensen, Cronhammar, Bonde, Wörsel). Daneben hat sich Trapholt einen hervorragenden Ruf für seine Möbelsammlung erworben, die sich auf Klassiker des 20. Jh. konzentriert (Panton, Hansen, Klint etc).
Æblehaven 23 • www.trapholt.dk • Di–So 10–17, Mi bis 20 Uhr • Eintritt 70 DKK, Kinder frei

ÜBERNACHTEN
Koldingfjord
Mondän • Welch eine Lage! Ein prachtvoller Bau erhebt sich unmittelbar an der Nordseite des Koldingfjords. Aus dem einstigen Heim für Tbc-kranke Kinder ist vor einigen Jahren ein geschmackvoll eingerichtetes Hotel geworden. Zum Hotel gehören nicht nur Fitnessraum und Swimmingpool, sondern auch ein gutes Restaurant.
Fjordvej 154 • Tel. 75 51 00 00 • www.radissonsas.com • 145 Zimmer • €€€€

ESSEN UND TRINKEN
Den Blå Café
Gemütlich • Schönes Café in der Fußgängerzone. Bei Sonnenschein trifft man sich samstags nach Geschäftsschluss draußen auf ein Bier und einen Salat bei Livemusik.
Lilletorv • www.denblacafe.dk • €

Ziele in der Umgebung
◎ Billund   ▶ S. 150, C 5
8000 Einwohner
Ein Produkt aus Billund hat wohl schon jeder einmal in der Hand gehabt – Legosteine. Anfang der 1930er-Jahre war es, als der Tischler Ole Kirk Christensen seine ers-

ten Bauklötze aus Holz gestaltete. »Leg godt« war sein Wunsch, »spiele gut«. Der Name, Lego, war gefunden. Erst sein Sohn Godtfred begann 1949 mit Plastikklötzen zu arbeiten. Der Startschuss zu einem weltweiten Erfolg war gegeben. 1968 entstand **Legoland** 🟥7, eine der größten Attraktionen Dänemarks.
40 km nordwestl. von Kolding

SEHENSWERTES

Givskud Zoo 👫👤
Unweit vom Legoland liegt in Givskud einer der schönsten dänischen Zoos. Das Besondere an diesem Tiergarten: Man kann mit dem eigenen Wagen durch den Park fahren, vorbei an Elefanten, Zebras und Giraffen. Die Tiere erwarten, dass man sie füttert – tut man es nicht, gibt es manchmal einen leichten Schubs gegen den Wagen. Spektakulärer Höhepunkt ist die Fahrt durch den Löwentrakt.
www.givskudzoo.dk • Ende Juni–Mitte Aug. tgl. 10–20, Mai–Mitte Juni und Mitte Aug.–Mitte Sept. 10–18, Mitte Sept.–Mitte Okt. 10–17 Uhr • Eintritt 160 DKK, Kinder 95 DKK

Legoland 👫👤 🟥7
Wohl jedes Kind spielt gern mit Legosteinen. Entsprechend groß ist auch allsommerlich der Andrang im Legoland, nordwestlich von Vejle im jütischen Billund gelegen. Es ist schier unglaublich, was man aus Legosteinen alles bauen kann: amerikanische Berglandschaften, asiatische Tempel oder europäische Schlösser. Natürlich muss man hier nicht nur den Einfallsreichtum der Legobauer bestaunen, sondern kann auch selbst aktiv werden. Die Kinder können außerdem mit kleinen Elek-

troautos oder der Eisenbahn fahren, mit Booten geht es an gefährlichen Piraten vorbei, oder man schürft selber Gold.
In den Innengebäuden gibt es ein wunderschönes Spielzeugmuseum mit zum Beispiel Titania's Palace, dem größten Miniaturschloss der Welt, laut Eigenwerbung.
Zwei Warnungen für Eltern: Das Gedränge ist immer groß und die Warteschlangen oft lang. Zudem wollen Kinder gerne noch etwas Lego kaufen, was im Park nicht billig ist.
www.legoland.dk • Mitte–Ende April, Mitte–Ende Aug., Mitte–Ende Okt. tgl. 10–20, Mai, Juni Mo–Fr 10–18, Sa, So 10–20, Juli–Mitte Aug. Mo–Fr 10–21, Sa, So 10–20, Sept.–Mitte Okt. Mo, Di, Fr 10–18, Sa, So 10–20 Uhr • Eintritt 279 DKK, Kinder 249 DKK

◎ Jelling   ▶ S. 150, C 5
5000 Einwohner
Hier vermuten Historiker die Wiege Dänemarks. »König Gorm errichtet diesen Gedenkstein für seine Frau Thyra, Dänemarks Zierde«, lautet die Inschrift auf einem der beiden Runensteine, die vor der Kirche stehen. Und damit ist – Gorm starb 950 – erstmals der Begriff »Dänemark« schriftlich fixiert. War Gorm noch Wikinger, so bekannte sich sein Sohn Harald Blauzahn bereits zum Christentum: »König Harald ließ diesen Gedenkstein für seinen Vater Gorm und seine Mutter Thyra errichten, der Harald, der ganz Dänemark und Norwegen unterwarf und die Dänen zu Christen machte.« So wird dann in Jelling nicht nur Dänemark erstmals erwähnt, sondern auch noch das Ende des Heidentums dokumentiert.

In Ribe (▶ S. 84), Dänemarks ältester Stadt, regierten vor 1300 Jahren die Wikinger. Heute spazieren Ausflügler durch die hübschen mittelalterlichen Gassen.

Von den beiden Grabhügeln neben der Kirche ist der südliche nie benutzt worden. Als wahrscheinlich gilt hingegen, dass in dem nördlichen Gorm und Thyra begraben waren, Harald seine Eltern aber in die damals an dieser Stelle stehende Kirche überführen ließ.

35 km nördl. von Kolding

◎ **Vejle**   ▶ S. 151, D 6

53 000 Einwohner

Die Stadt gehört mit Kolding und Fredericia zu dem Wachstumsdreieck schlechthin in Dänemark. Hier kreuzen sich die Autobahnen von Nord nach Süd und von Ost nach West. Folglich siedelte sich hier Industrie an, und so hat sich die am Vejlefjord gelegene Stadt in den vergangenen Jahren auch prächtig herausputzen können.

Dabei sollte die Stadt im 17. Jh. sogar stillgelegt werden, alle Bewohner sollten nach Fredericia übersiedeln. Doch im 19. Jh. verschafften Hafen, Kanal und Bahn der Stadt einen Wiederaufschwung. Der Innenstadtbereich wurde in den letzten Jahren behutsam modernisiert. Die Stadt besitzt zwar keine überragende Sehenswürdigkeit, doch die Lage am Fjord ist eindrucksvoll.

30 km nördl. von Kolding

Ribe
▶ S. 150, B 6

18 000 Einwohner

Dänemarks älteste Stadt war einst Wikingerhochburg und zu jener Zeit als Handelsplatz so bedeutend wie etwa Haithabu (bei Schleswig). Mitte des 10. Jh. wurde Ribe gar Bischofssitz und blieb auch in der Folgezeit eine mächtige und wohlhabende Stadt. Erst nach der Reformation setzte der Niedergang ein, der mit der neuen Grenzziehung 1864 seinen Abschluss fand. Ribe verlor sein südliches Hinterland, das nahe Esbjerg wurde zum aufstrebenden Handelshafen. Und so scheint es heute noch, dass hier die Zeit stehen geblieben ist. Wunderschöne alte Häuser, Kopfsteinpflaster, und über allem thront der mächtige Dom.

SEHENSWERTES

Dom

Das helle und freundliche Innere des Kirchenhauses ist äußerst großzügig ausgestaltet worden. Einen Blick verdienen die großen Grabplatten in den Außenschiffen, eindrucksvoll sind die bunten, vom dänischen Künstler Carl-Henning Pedersen gestalteten Fenster über dem Altar. Unbedingt lohnend ist der mit 250 Stufen zweifelsohne mühsame Aufstieg auf den Glockenturm, von dem man einen hervorragenden Blick bis nach Fanø hat.

Juni–Aug. Mo–Sa 10–18, So 12–18, Mai, Sept. Mo–Sa 10–17, So 12–17, April, Okt. Mo–Sa 11–16, So 12–16, Nov.–März Mo–Sa 11–15, So 12–15 Uhr

Sturmflutsäule

Auf Höhe der Skibbroen 19 dokumentiert eine Sturmflutsäule den Wasserstand während der Flutkatastrophe von 1634.

MUSEEN

Hjemsted Oltidspark 👤👤

Leben wie unsere Vorfahren, das kann man hier. In diesem Park wird die Eisenzeit nachgestellt.

Skærbæk, Hjemstedvej 60 • www. hjemsted.dk • Mitte Juni–Mitte Aug. tgl. 10–18, Mai–Mitte Juni, Mitte Aug.–Mitte Okt. Di–So 9–16 Uhr • Eintritt 65 DKK, Kinder 40 DKK

Ribes Vikinger 👤👤

Das Museum für die Wikingerzeit und das Mittelalter dokumentiert auf stolzen 2500 qm Momentaufnahmen der Stadtgeschichte. So wird ein Tag des Jahres 800 sehr lebendig dargestellt, ebenso die Szenerie des Mittelalters.

Odins Plads • Juli–Aug. tgl. 10–18 (Mi bis 21), April–Juni, Sept., Okt. tgl. 10–16, Nov.–März Di–So 10–16 Uhr • Eintritt 60 DKK, Kinder frei

ÜBERNACHTEN

Hotel Dagmar

Historisch • Das renommierteste Haus am Platz (und älteste Hotel Dänemarks) mit klassisch eingerichteten Zimmern.

Torvet 1 • Tel. 75 42 00 33 • www. hoteldagmar.dk • 48 Zimmer • €€€

Den Gamle Arrest

Originell • Ohne Zweifel ein ganz besonderes Hotel, denn es ist in einem ehemaligen Gefängnis unter-

gebracht. Die ehemaligen Zellen sind etwas komfortabler eingerichtet, aber nicht wirklich luxuriös. Toilette und Bad der meisten Zimmer befinden sich auf dem Gang.
Torvet 11 • Tel. 75 42 37 00 • www.dengamlearrest.dk • 11 Zimmer • €

Ziele in der Umgebung
◎ **Løgumkloster**   ▸ S. 150, C 7
6000 Einwohner
Ein kleiner, beschaulicher Ort, der durch die Ruine des gleichnamigen Klosters, das Gelände um die Kirche, den Marktplatz sowie den Glockenspielturm äußerst sehenswert ist. Zisterziensermönche erbauten hier 1173 ein Kloster, das während der Reformation aufgelöst wurde.
38 km nordöstl. von Ribe

SEHENSWERTES
Glockenspielturm
Gegenüber der Kirche steht der 25 m hohe, 1973 zur Erinnerung an Frederik IX. errichtete Glockenspielturm mit seinen 49 verschiedenen Glocken. Hier kann man sich zum Glockenspieler ausbilden lassen. Entsprechend »laut« geht es tagsüber zu, mehrmals am Tag läuten die Glocken.
Aug.–Juni tgl. 8.15, 11.45, 15.15, 16.45, 18.15 und 21 Uhr

ÜBERNACHTEN
Løgumkloster Refugium
Besondere Atmosphäre • Wunderschön in der Innenstadt neben der Kirche gelegen, große, gut ausgestattete Zimmer. Stolz ist man auf die hauseigene Bibliothek. Wer Ruhe und Besinnung sucht, ist hier richtig.
Refugievej 1 • www.loegumkloster-refugium.dk • Tel. 74 74 33 01 • 48 Zimmer • ♿ • €

◎ **Rømø**   ▸ S. 150, B 7
Ein 9 km langer Damm verbindet seit 1948 Rømø mit dem Festland. Ein Damm, der Radfahrern bei entsprechendem Wind zur Tortur werden kann. Im Osten prägt das Watt die Insel, in der Mitte die Kiefernwälder und Heideflächen, an der Westküste der unendlich breite (bis zu 3 km) und lange (18 km) Strand.
38 km nordöstl. von Ribe

SERVICE
FÄHRE
Rømø-Sylt-Linie
Fährverbindung nach List auf Sylt 5- bis 10-mal tgl., Fahrtdauer 35 Min.
Havneby • Tel. 74 75 53 03

◎ **Tønder**   ▸ S. 150, B 7
13 000 Einwohner
Tønder ist vermutlich die schönste Stadt gleich hinter der Grenze. Im 17. Jh. brachte die Spitzenklöppelei Geld in die Stadt, der Reichtum der Bürger spiegelt sich noch heute in den wunderschönen Backsteinhäusern in der Altstadt wider. Die Fußgängerzone versammelt zahlreiche interessante Boutiquen, der Marktplatz samt Kirche fügt sich gut in das Stadtbild ein.
47 km nordöstl. von Ribe

SEHENSWERTES
Møgeltønder
Wer wissen möchte, wie das perfekte Idyll aussieht, sollte in diesem Ort, wenige Kilometer westlich (Straße 419), durch die Slotsgade schlendern. Kopfsteinpflaster, hohe Linden, reetgedeckte Häuser – einzigartig. In das Schloss Schackenborg dürfen Sie allerdings nicht, es gehört Prinz Joachim, er lebt hier mit seiner Familie als Landwirt.

MUSEUM
Kulturhistorie Tønder
Wer sich für das Klöppeln interessiert, sollte unbedingt dieses Museum besuchen. Es zeigt die Historie der Klöppelei in Tønder, außerdem Möbel aus Südjütland, Norddeutschland und lokale Silberkunst.
Kongevej 55 • Juni–Aug. tgl. 10–17, Sept.–Mai Di–So 10–17 Uhr • Eintritt 50 DKK, Kinder frei

ÜBERNACHTEN
Tønderhus
Funktional • Gediegenes, konservativ gehaltenes Hotel im Zentrum mit schönem Wintergarten.
Jomfrustien 1 • http://hoteltoender hus.dk • Tel. 74 72 22 22 • 61 Zimmer • ♿ • €€

WUSSTEN SIE, DASS ...
... Südjütland die Hochburg des Ringreitens ist? Christian III. führte diesen Wettkampf Anfang des 16. Jh. ein, Anfang des 19. Jh. avancierte er zum Volksfest.

Sønderborg   ▸ S. 151, D 7
30 000 Einwohner

Bezaubernd schön auf der Halbinsel Als platziert ist Sønderborg. Die Fußgängerzone wirkt recht gemütlich, die Bebauung ist gefällig. Am Wasser gibt es gute Bademöglichkeiten, der Blick über den Fjord ist wunderschön. Neues Schmuckstück der Stadt ist Alsion, Universität, Forscherpark und Konzertsaal unter einem Dach und direkt am Wasser. Wichtigstes Fest in der Stadt ist das **Ringreiterfest** im Juli.
Eine Fahrt nach Sønderborg und **Dybbøl** ist im Übrigen auch eine Reise in die deutsch-dänische Geschichte. Schließlich fanden hier 1848 und 1864 jene großen Schlachten statt, in denen Preußen die Dänen niederrang.

MUSEEN
Dybbøl Mølle
Als Mühle ist diese Mühle nicht bemerkenswert. Wichtiger ist sie als nationales Symbol. Denn genau hier stürmten die Preußen im April 1864 die letzten dänischen Stellungen. In den Räumen der Mühle befindet sich deshalb eine Ausstellung zu den damaligen Ereignissen.
Dybbøl Banke 7 • Mitte April–Juni, Sept.–Mitte Okt. 11–16, Juli, Aug. 10–17 Uhr • Eintritt 25 DKK, Kinder 12 DKK

Historiecenter Dybbøl Banke
Unweit der Mühle dokumentiert dieses Geschichtszentrum die Auseinandersetzung um die Herrschaft über Schleswig und Holstein, aus der Preußen schließlich siegreich hervorging. Neben zeitgenössischen Darstellungen und Dokumenten verdeutlicht auch eine Tonschau die deutsch-dänische Historie.
Dybbøl Banke 16 • Mitte April–Mitte Okt. tgl. 10–17 Uhr • Eintritt 60–90 DKK, Kinder 30–45 DKK

Museet på Sønderborg Slot
Das massige Schloss liegt unmittelbar am Wasser. Es wurde 1150 als Burg errichtet. Unfreiwilliger Gast war Anfang des 16. Jh. König Christian II., der ab 1532 wegen eines Adelsaufstandes für 17 Jahre in Sønderborg einsaß.
Mai–Sept. 10–17, Okt.–März Di–So 13–16, April Di–So 10–16 Uhr • Eintritt 60 DKK, Kinder frei

Ziele in der Umgebung

◎ Als   ▸ S. 151, D 7

Zu den leider oft übersehenen Schätzen Jütlands gehört die Halbinsel Als, auf der auch Sønderborg liegt. Die Halbinsel eignet sich hervorragend für eine kleine Radtour, auf der man, zumindest von außen, zwei wunderschöne Schlösser, in Augustenborg und in Nordborg, entdecken kann. Sehenswert sind außerdem die größte Sonnenuhr in Guderup, die Kirche von Lysabild sowie die Mühle von Harnbjerg.

◎ Christiansfeld   ▸ S. 150, C 6

9000 Einwohner

Vielleicht der eigenartigste Ort des Landes. Er wurde von den Herrnhutern begründet, die ihr Leben streng nach der Bibel ausrichten. Die Häuser in dem rechtwinklig angelegten Ort sind von schlichter Architektur, und die Kirche, deren Inneres allein durch die großen Kerzenleuchter an der Decke geschmückt wird, ähnelt eher einem Wohn- als einem Gotteshaus. Auf dem Friedhof liegen die Frauen rechts, die Männer links bestattet, alle in Richtung der aufgehenden Sonne.

78 km nordöstl. von Sønderborg

◎ Haderslev   ▸ S. 150, C 7

31 000 Einwohner

Sicherlich eine der interessantesten südjütischen Städte. Vor allem um den Markt herum und entlang der lebendigen Fußgängerzone gibt es einige sehr hübsche Gebäude. Ein weiterer Höhepunkt ist der Haderslev Dam, die Fortsetzung des Fjords. Hier kann man im Sommer ausspannen, das neue große Wildgehege besuchen oder mit dem Leihboot über das Wasser schippern. Interessant ist auch die östlich der Stadt gelegene Starup Kirke, die älteste Kirche Südjütlands.

68 km nordöstl. von Sønderborg

Herrliche Natur und ein gut ausgebautes Radwegenetz machen das zauberhafte Städtchen Sønderborg (▸ S. 86) zum idealen Ausgangspunkt für Aktivurlauber.

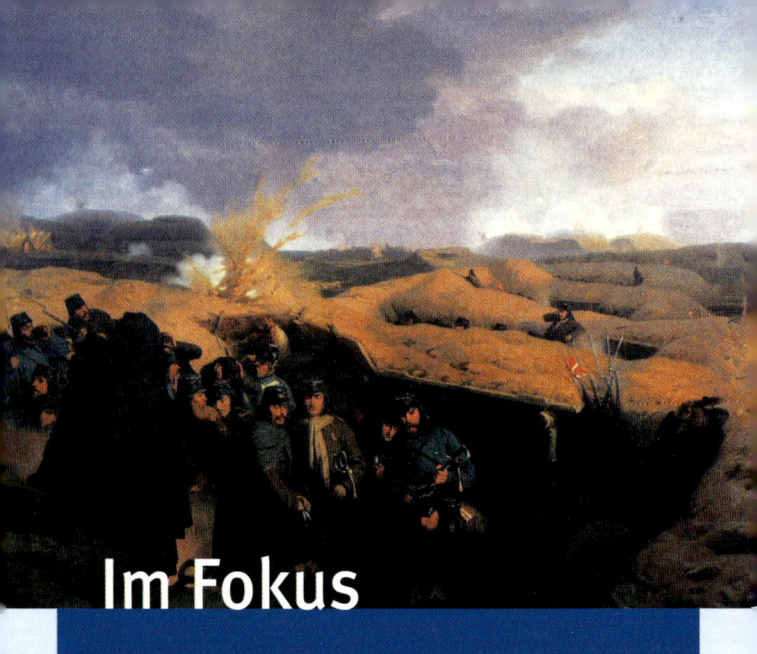

Im Fokus

Dänen und Deutsche Sie liebten und sie schlugen sich – über ein zuweilen schwieriges Verhältnis zweier Nachbarländer.

Im Süden Dänemarks hatte es die Jahrhunderte hindurch immer wieder Grenzverschiebungen gegeben. Christian I. war beispielsweise 1460 auch Landesherr über die Herzogtümer Schleswig (dänisch orientiert) und Holstein (deutsch orientiert) geworden. Christian IV. hatte 1617 das wunderschöne Glückstadt unmittelbar an der Elbe gründen lassen.

Zu Beginn des 19. Jh. reichte das eigentliche Dänemark nur bis zur Kongeå bei Kolding, allerdings gehörten auch die beiden erwähnten Herzogtümer sowie das Herzogtum Lauenburg dazu. Mit dem aufkommenden Nationalismus kam jedoch in den Herzogtümern der Wunsch nach Selbstbestimmung, sprich Trennung von Dänemark, auf. In Dänemark gab es zugleich von nationalliberaler Seite Forderungen, neben der Einführung eines allgemeinen Wahlrechts zumindest Schleswig dem Staat vollends einzuverleiben (Eiderdänemark).

Preußen unterstützte die Separatisten, wurde von Russland jedoch zur Neutralität gezwungen. Nach diversen Schlachten mit wechselnden Siegern und einer zeitweiligen Beteiligung Preußens kam es am 25. Juli 1850 bei Idstedt (nahe Schleswig) zur entscheidenden Schlacht, die die Dänen gewannen. Schleswig und Holstein durften sich nicht dem Deutschen Bund anschließen. Doch die

◄ Die große Schlacht von Dybbøll
(► S. 89), ein Gemälde von Jorgen Sønne.

Spannung ließ nicht nach. Zwar waren maßgebliche Kräfte in Dänemark bereit, Lauenburg und Holstein preiszugeben, dafür sollte Schleswig allerdings in das Reich integriert werden. Diese Lösung kam auch in der »Novemberverfassung« 1863 zur Geltung. Im gleichen Monat starb König Frederik VII. Sein Nachfolger Christian IX. unterzeichnete das Vorhaben. Preußen und Österreich rückten am Weihnachtstag in Holstein ein, Russland verhielt sich neutral, auch Frankreich und England versagten den Dänen die Unterstützung. Am 1. Februar 1864 überschritten die preußischen und österreichischen Truppen die Eider. Die Dänen wurden erfolgreich zurückgedrängt. Zur großen Schlacht kam es Mitte April bei Dybbøl. Die Dänen verloren und erlitten große Verluste.

Verlierer Dänemark

Auf der anschließenden Friedenskonferenz in Wien stimmte Preußen dem Vorschlag zu, Schleswig zu teilen und den Norden bei Dänemark zu belassen. Dänemark war damit aber nicht einverstanden, pokerte um mehr und verlor alles, denn nun wurde ganz Schleswig Preußen zugeschlagen.

Erst nach der deutschen Niederlage im Ersten Weltkrieg flammte die Schleswig-Debatte wieder auf. Dabei war man sich aber auf dänischer Seite einig, nur auf Nordschleswig Anspruch zu erheben, da im Rest der einstigen Herzogtümer durch die preußische Politik die Deutschen eh in der Mehrheit waren. Durch geschickte Ziehung der drei Wahlkreise, der nördlichste verlief südlich von Tønder, aber nördlich von Flensburg, gelang es in der Volksabstimmung 1920, in Nordschleswig die deutsche Mehrheit in den Städten durch die dänische Mehrheit auf dem Lande zu überstimmen (75 % für Dänemark). In Flensburg und weiter südlich war die Stimmung mit ca. 75 % für Deutschland ebenfalls eindeutig.

Der große Einschnitt

Am 9. April 1940 marschierten deutsche Truppen in Dänemark ein. Vergeblich hatte die dänische Regierung gehofft, durch möglichst viele Konzessionen an das NS-Regime einen Einmarsch verhindern zu können. König und Regierung übten sich aber weiterhin in Neutralität. Mit der sich abzeichnenden deutschen Niederlage nahm die Zahl der Sabotageaktionen zu. Weshalb die Deutschen auch Ende August 1943 die Regierung übernahmen. Am 5. Mai 1945 war Dänemark wieder befreit.

Natürlich hat diese Zeit Spuren hinterlassen, Ressentiments gegenüber Deutschen hat es lange gegeben. Das ist aber vorbei, lieber pflegt man das Vorurteil von den effektiven Deutschen, die ohne nachzudenken jeden Befehl ausführen.

In der Bonn-Kopenhagener Erklärung 1950 wurde dann der Umgang mit den jeweiligen Minderheiten geregelt. Heute gibt es beiderseits der Grenze Minderheitenorganisationen, eigene Tageszeitungen und eine intensive Traditionspflege. Die dänische Minderheit ist sogar mit einer eigenen Partei im Kieler Landtag vertreten. 2010 kürzte die Landesregierung allerdings die Zuschüsse zu den Schulen der Minderheit viel stärker als die für die deutschen Schulen und beschädigte so das Verhältnis zwischen beiden Ländern.

Fünen & südfünische Inseln

Der »Garten Dänemarks« lockt mit seiner hügeligen
Landschaft insbesondere Radler an. Außerdem warten
prächtige Schlösser und reizvolle Städte auf Besucher.

◀ Das im 16. Jh. erbaute Egeskov Slot (▶ S. 97) in Svendborg zählt zu den schönsten Wasserschlössern Europas.

Wollte man Fünens Vorzüge aufzählen, wo sollte man beginnen? Vielleicht bei der pulsierenden Metropole **Odense**, einer Stadt voller Charme und Gemütlichkeit? Oder bei den schönen Stränden im Norden? Bei der reizvollen Küste am Kleinen Belt im Westen? Beim verträumten Hafenort **Fåborg** im Süden? Bei **Svendborg** oder **Nyborg**, den lebendigen Unterzentren im Osten? Oder gleich bei Europas schönstem Wasserschloss, **Egeskov**? Oder bei all den anderen Schlössern, die man allerdings meist nur von außen bewundern darf? Vielleicht bei der Rundkirche in **Horne**? Oder vielleicht einfach nur bei der abwechslungsreichen Landschaft, die mit den »Fünischen Alpen« nordwestlich von Fåborg dem Radler so einiges abverlangt?

Fünen bietet tatsächlich das gesamte dänische Spektrum, von der quirligen Großstadt bis zum beschaulichen Dorf, von unendlicher Weite bis zu langen Steigungen, von der Hafenidylle bis zu faszinierenden Museen.

Und wer sich dann noch in die südfünische Inselwelt wagt, kann mit der Insel **Ærø** einen wahren Schatz heben. Kaum ein anderer Ort vermag in diesem Land so zu faszinieren wie **Ærøskøbing** mit seinen mittelalterlichen Gassen und den Rosenstöcken an den Hauseingängen, die zu richtigen »Puppenstuben« führen. **Langeland** ist sicherlich nicht ganz so spektakulär, ist ruhiger, deswegen aber bestimmt nicht weniger reizvoll.

Jütland · Kopenhagen · Seeland · Bornholm · Fünen und südfünische Inseln · Lolland, Falster und Møn

Odense   ▶ S. 151, E 6

180 000 Einwohner
Stadtplan ▶ S. 93

Odense wird immer wieder mit seinem großen Sohn, dem Märchendichter Hans Christian Andersen, in Verbindung gebracht. Doch Fünens Hauptstadt auf ihn zu beschränken wird der Stadt nicht gerecht. Denn Odense gehört ohne Zweifel zu den Städten, die man auch mehrmals besuchen kann und in denen man dennoch immer wieder neue, überraschende Facetten entdeckt.

Die Fußgängerzone lädt mit ihren vielen Boutiquen und ihrer lebendigen Atmosphäre zum Bummeln ein. Von hier gelangt man auch zu **Brandts Klædefabrik** (▶ MERIAN-Tipp, S. 94), einem ehemaligen Fabrikgebäude, das heute Museen, Kinos, Cafés und eine Kunstbuchhandlung beherbergt. Auf dem Platz davor gibt es im Sommer Livemusik. Natürlich strömen die Massen zum **H. C. Andersen Museum**. Auch andere Orte in der Stadt, die mit dem Märchenerzähler in Verbindung gebracht werden, sind große Publikumsmagneten.

Aber hierzu besitzt Odense auch Alternativen. Das Museum für den

Komponisten **Carl Nielsen** etwa. Oder das imponierende **Eisenbahnmuseum** unmittelbar hinter dem Bahnhof. Und wer lieber draußen sein mag, dem stehen Orte wie das Freilichtmuseum »Den fynske Landsby«, der Zoo oder einfach das Ufer der Odense Å zur Verfügung.

SEHENSWERTES
Odense Zoo 👫
▶ S. 93, südwestl. a 4

Afrika in Odense. Odenses Zoo widmet sich insbesondere der Tierwelt Afrikas und Asiens: Löwen, Zebras, Schimpansen, Strauße … Der auf dem Gelände eines ehemaligen Vergnügungsparks errichtete Zoo wird ständig erweitert. Sdr. Boulevard 10 • www.odense zoo.dk • Juli tgl. 10–19, Mai, Juni, Aug. 10–18, April, Sept. 10–17, Okt.–März 9–16 Uhr • Eintritt 150 DKK, Kinder 80 DKK

WUSSTEN SIE, DASS …

… nirgendwo so viele Schiffsmodelle in Kirchen aufgehängt sind wie in Dänemark? Über 1400 dieser sogenannten Votivschiffe gibt es, das älteste hängt in Randers (1632).

Skt. Knuds Kirche
▶ S. 93, b 3

Die Kirche wurde mehrfach zerstört und erhielt im Wesentlichen ihr Aussehen von 1300 bis 1500. Sie gilt als eine der schönsten hochgotischen Kirchen Dänemarks. Besonders sehenswert ist der vergoldete Flügelaltar aus dem frühen 16. Jh. In der Krypta befinden sich die sterblichen Überreste von König Knud dem Heiligen.

Klosterbakken 2 • www.odense-domkirke.dk • April–Okt.10–17, Nov.–März 10–16 Uhr, So und feiertags 12–16 Uhr

MUSEEN
Carl Nielsen Museum
▶ S. 93, c 2

Ohne Zweifel war Nielsen der herausragende dänische Komponist um die vorletzte Jahrhundertwende. Er wurde am 9. Juni 1865 im fünischen Ort Sortelung geboren. Das Museum zeichnet sein Leben in einer gut aufgebauten, überschaubaren Ausstellung nach. Claus Bergs Gade 11 • www.museum. odense.dk • Juni–Aug. Mi–So 11–15, Sept.–Mai Mi–Fr 15–19, So 11– 15 Uhr • Eintritt frei

Fyns Kunstmuseum
▶ S. 93, b 2

Schwerpunkt des sehr schönen Museums sind die fünischen Maler sowie die sogenannten Dänischen Romantiker. Die »Fünenmaler« werden besonders durch Landschaftsmalerei, zum Teil beeinflusst vom Impressionismus, charakterisiert. Aber auch Skulpturen, Grafiken und Zeichnungen. Jernbanegade 13 • www.museum. odense.dk • Di–So 10–16 Uhr • Eintritt 40–60 DKK

H.C. Andersens Barndomshjem
▶ S. 93, b 3

In diesem bescheidenen Fachwerkhaus lebte Hans Christian Andersen von seinem zweiten bis zu seinem 14. Lebensjahr. Heute ist es wieder so eingerichtet, wie er es einst selbst geschildert hat. Munkemøllestræde 3–5 • www. museum.odense.dk • Juni–Aug. tgl. 10–16, Sept.–Mai Di–So 11–15 Uhr • Eintritt 25 DKK

H. C. Andersens Hus (H. C. Andersens Museum) ▸ S. 93, c 2

Hans Christian Andersen wurde 1805 in Odense als Sohn eines Schuhmachers geboren. Weil König Friedrich VI. seine Begabung auffiel, ermöglichte er ihm Schul- und Universitätsbesuch. Andersen verfasste über 160 Märchen. Der Dichter starb 1875 in Kopenhagen. Wie ein Wallfahrtsort liegt das gedrungene Gebäude inmitten eines sehr schönen Viertels. Hier wird das Leben des Märchendichters in allen Facetten nachgezeichnet. Leider macht das Gedränge im Sommer das Herankommen an die Schaukästen manchmal schwierig.

Bangs Boder 29 • www.museum. odense.dk • Juni–Aug. tgl. 9–18, Sept.–Mai Di–So 10–16 Uhr • Eintritt 60 DKK

MERIAN-Tipp **8**

BRANDTS KLÆDEFABRIK
▸ S. 95, a 3

1977 hauchte die Textilfabrik hier am westlichen Rand der Altstadt ihr Leben aus. Dafür entstand in den ehemaligen Fabrikgebäuden ein Museums- und Freizeitkomplex ganz besonderer Art. In die untere Etage zogen ein Kino, Cafés und eine Kunstbuchhandlung ein. In den oberen Stockwerken etablierte man gleich mehrere sehenswerte Museen, die Kunsthalle mit modernen Exponaten aus aller Welt, das Museum für Fotokunst sowie das imponierende Medienmuseum, das u. a. die Geschichte der Setzer- und Druckerkunst sowie der dänischen Presse dokumentiert. Alle Museen befinden sich in hellen, hohen Räumen und nehmen den Ausstellungen so den strengen musealen Charakter. Auf dem Hof vor dem Gebäude werden im Sommer ebenfalls Speisen und Getränke serviert. Odense, Brandts Passage 37 • www.brandts.dk • Di–So 10–17, Do 12–21 Uhr • Sammelticket 80 DKK
– Mediemuseet: Eintritt 40 DKK
– Kunsthallen: Eintritt 50 DKK
– Museet for Fotokunst: Eintritt 40 DKK

Jernbanemuseet
▸ Familientipps, S. 33

▸ Familientipps, S. 33

ÜBERNACHTEN
Grand Hotel
▸ S. 93, b 3

Gediegen • Tradition wird in diesem Hotel, das am Rande der Fußgänger-zone liegt, großgeschrieben. Die Zimmer bieten eine gelungene Mischung aus Tradition und Moderne. Gute Küche.
Jernbanegade 18 • Tel. 66 11 71 71 • www.firsthotels.com • 138 Zimmer • €€€

City Hotel Odense
▸ S. 93, c 2

Funktionell • Modernes, komfortabel eingerichtetes Hotel in unmittelbarer Stadtnähe. Hervorzuheben ist die Dachterrasse.
Hans Mules Gade 5 • Tel. 66 12 12 58 • www.city-hotel-odense.dk • 43 Zimmer • ♿ • €€

Ydes Hotel
▸ S. 93, a 2

Einfach • Traditionsreiches, vor ein paar Jahren geschmackvoll renoviertes Hotel im Herzen der Stadt. Die Zimmer sind einfach und funktional eingerichtet.
Hans Tausens Gade 11 • Tel. 66 12 11 31 • www.ydes.dk • 25 Zimmer • €

ESSEN UND TRINKEN
Under Lindetræet
▸ S. 93, c 2

Dauerbrenner • Klein, aber fein. Gegenüber dem H. C. Andersen Museum gelegen, bietet dieses Restaurant die gastronomische Odenseer Spitzenklasse mit je nach Tagesangebot wechselnder, französisch und italienisch geprägter Karte. Unbedingt vorbestellen!
Ramsherred 2 • Tel. 66 12 92 86 • www.underlindetraet.dk • Di–Sa 18–21.30 Uhr • €€€€

Brasseriet Klitgaard
▸ S. 93, b 2

Entspannt • Hier überführt man traditionelle französische Gerichte in die Moderne. Und das auf sehr hohem Niveau und in sehr relaxter

Atmosphäre, zu der auch das begleitende Weinmenü beiträgt.
Gravene 4 • Tel. 63 13 14 55 • www.brasserietklitgaard.dk • Mo–Sa 17–22 Uhr, Juli geschl. • €€€

Flakhaven   ▶ S. 93, b 3

Rustikal • Kleine Brauereien sind in Dänemark schwer in Mode. Es gibt dort sowohl kleine Gerichte als auch umfangreiche Fleischportionen, aber natürlich geht es mehr um die verschiedenen Biersorten und die rustikale Atmosphäre.
Flakhaven 2 • Tel. 66 12 02 99 • www.bryggeriet.dk • Mo–Sa 11.30–22, So 15–22 Uhr • €€

EINKAUFEN
Rosengårdcentret
▶ S. 93, südöstl. c 4

Ein riesiges Einkaufszentrum im Südosten der Stadt. Fast hundert verschiedene Geschäfte haben sich hier unter einem Dach versammelt, vom Schuhgeschäft über die Buchhandlung oder den Bastelladen bis hin zum Lebensmittel-Discounter.
Ørbækvej • www.rosengaard centret.dk

AM ABEND
Dexter Jazzhus   ▶ S. 93, b 2

Eine urgemütliche Kneipe im Odenseer Zentrum mit Livejazz, Blues und Weltmusik. Am Wochenende liegt der Schwerpunkt auf Modern Jazz.
Vindegade 65 • Mi 17–2, Do, Fr 17–5, Sa 12–5 Uhr

SERVICE
AUSKUNFT
Visit Odense   ▶ S. 93, b 3

Rådhuset • Tel. 63 75 75 20 • www.visitodense.com • Juli, Aug. Mo–Fr 9.30–18, Sa 10–15, So 11–14, Sept.–Juni Mo–Fr 9.30–16.30, Sa 10–13 Uhr

Brandts Klædefabrik (▶ MERIAN-Tipp, S. 94), eine stillgelegte Textilfabrik in Odense, beherbergt heute einen rege frequentierten Freizeit- und Museumskomplex.

Ziele in der Umgebung

◎ Kerteminde   ▶ S. 151, F 6

10 000 Einwohner

Ein äußerst gemütlicher Ort mit schöner Bebauung und Fünens größtem Jachthafen. Bevor Odense einen Kanal erhielt, fungierte Kerteminde zugleich als Hafen für Fünens Metropole. Neben dem Hafen lohnt unbedingt der Besuch des Marktplatzes mit seinen idyllischen kleinen Häusern. Nördlich des Hafens erstreckt sich ein sehr guter Strand. 20 km nordöstl. von Odense

SEHENSWERTES

Fjord- & Bæltcentret ☗☗

Faszinierend ist dieses Museum, das einen Einblick in die Flora und Fauna der Ostsee vermittelt. Absoluter Clou für kleine und große Besucher ist dabei der Unterwassertunnel, der den Besucher unter die See führt. Margrethes Plads 1 • www.fjord-baelt.dk • Mitte Feb.–Nov. tgl. 10–17 Uhr • Eintritt 95–110 DKK, Kinder 50–55 DKK

Ladby Schiff

Nur 5 km südwestlich von Kerteminde fand man 1935 das Grab eines Wikingerhäuptlings. Er wurde hier um ca. 950 in seinem Schiff bestattet. Das Schiff verrottete, das Skelett wurde geraubt, doch blieben Grabbeigaben wie Schmuck, Kleider und die Skelette von Hunden und Pferden erhalten. Seit 2007 gibt es nun ein Museum zu diesem einzigartigen Fund, der Verfall des Schiffes wurde gestoppt, Fundstücke werden besser repräsentiert, und der Besucher erhält einen Eindruck von der Wikingerzeit in dieser Region. Vikingevej 123 • www.vikinge museetladby.dk • Juni–Aug. tgl. 10–17, März–Mai, Sept.–Okt. Di–So 10–16 Uhr • Eintritt 50 DKK, Kinder frei

MUSEUM

Johannes Larsen Museet

Der Maler Johannes Larsen (1867–1961) wohnte hier. Zu sehen sind seine Werke: Landschafts- und Vogelmalerei, Holzschnitte und seine private Gemäldesammlung. Møllebakken • www.johanneslarsen museet.dk • März–Mai, Sept., Okt. Di–So 10–16, Juni–Aug. tgl. 10–17, Nov.–Feb. Mi, Sa, So 11–16 Uhr • Eintritt 60 DKK, Kinder frei

ESSEN UND TRINKEN

Rudolf Mathis

Für Fischliebhaber • Unmittelbar am Hafen gelegen. In diesem sehr geschmackvoll eingerichteten Restaurant dreht sich alles um Fisch, der hier meisterhaft zubereitet und serviert wird. Je nach Fang ändert sich die Karte tagtäglich. Das dreigängige Menü kostet 395 DKK. Dosseringen 13 • Tel. 65 32 32 33 • www.rudolf-mathis.dk • März–Dez. Di–So 12–13.45, 18–21.30 Uhr • €€€€

◎ Nyborg   ▶ S. 151, F 6

18 000 Einwohner

Leider wird Nyborg oft nur als Transitstation zwischen Fünen und Seeland angesehen. Dabei lohnt ein Stopp in Nyborg, vom 13. bis 15. Jh. gar Dänemarks Hauptstadt, und seiner betriebsamen City. 30 km südöstl. von Odense

SEHENSWERTES

Holckenhavn Slot

Südlich der Stadt an der Straße nach Svendborg gelegen. Das Schloss, im 15. Jh. gebaut, ist nur zu bestimmten

Zeiten im Sommer zugänglich. Sehr schön ist der umliegende Park.
www.holckenhavn.dk • Juni, Aug. So 16 Uhr, Juli Di, So 16 Uhr

Nyborg Slot

Um 1170 entstand hier eine mächtige Festung. Leider lässt sich dies heute nur noch mittels eines im übrig gebliebenen Rittersaal aufgebauten Modells nachvollziehen. Erhalten sind nämlich nur noch ein Flügel und ein Turm, der Rest wurde zum Teil als Steinbruch zweckentfremdet.
www.nyborgslot.dk • März–Mai, Sept.–Okt. Di–So 10–15, Juni–Aug. tgl. 10–16 Uhr • Eintritt 50 DKK

ÜBERNACHTEN
Hesselet

Traumlage • Dicht an Wasser und Wald gelegenes Hotel mit liebevoll eingerichteten Zimmern und vorzüglichem Restaurant.
Christianlundsvej 119 • Tel. 65 31 30 29 • www.hesselet.dk • 43 Zimmer • ♿ • €€€€

Svendborg ▸ S. 151, E 7
42 000 Einwohner

Fünens zweitgrößte Stadt wurde im 13. Jh. erstmals urkundlich erwähnt. Schon im Mittelalter lebte Svendborg vom regen Handel auf der Ostsee; noch heute ist es eine bedeutende Hafenstadt. Svendborg besticht durch eine schöne Bebauung, eine großartige Lage und ein lebendiges Einkaufszentrum. Von hier kann man reizvolle Ausflüge nicht nur zum Egeskov Slot unternehmen.

SEHENSWERTES
Egeskov Slot 🔶8

Das 20 km nördlich von Svendborg in Kværndrup gelegene, 1554 auf Eichenpfählen errichtete Schloss gilt als Europas schönstes Wasserschloss. Doch weil das so ist, kann der Besuch unterschiedliche Gefühle hervorrufen. Die Reisebusse »türmen« sich bisweilen vor dem Eingang. Gleichwohl ist das noch immer bewohnte, aufgrund seiner Fassadengestaltung verspielt wirkende Schloss selbst unbedingt einen Besuch wert. Die meisten Räume können besichtigt werden. Umgeben wird das Gebäude von einem schönen Park samt Labyrinth und Kräutergarten, in einem Nebengebäude sind ein Oldtimer- und Motorradmuseum sowie ein Landwirtschaftsmuseum untergebracht. Eine Cafeteria sorgt für das leibliche Wohl. Für den Besuch sollten Sie einen ganzen Tag einplanen.
Egeskovgade 18 • www.egeskov.dk • Eintritt 195 DKK, Kinder 105 DKK – Park und Museen: Mai, Sept. tgl. 10–17, Juni, Mitte–Ende Aug. tgl. 10–18, Juli–Mitte Aug. tgl. 10–19 Uhr – Schloss: Juni, Mitte–Ende Aug. tgl. 10–17 Uhr

MUSEUM
Naturama 👫

Im naturwissenschaftliches Museum sind drei Etagen in die drei Elemente Wasser, Erde und Luft unterteilt. Unten taucht man in die Wasserwelt ein, in der Mitte begegnet man wilden Tieren wie Wölfen und Bären, oben z. B. Eulen und Adlern. Eine Entdeckungsreise für Groß und Klein, die in multimedialer Kulisse Naturgeschichte präsentiert. Audioguide, Café und Museumsshop.
Dronningemaen 30 • www.naturama. dk • Di–So 10–16, Mitte Juni–Anfang Aug. tgl. 10–17 Uhr • Eintritt 120 DKK, Kinder frei

Die Elemente Wasser, Erde, Luft und Wasser prägen das naturwissenschaftliche Museum in Svendborg. Aber auch Urzeittieren begegnet man im Naturama (▶ S. 97).

ESSEN UND TRINKEN
Anders Granhøj på Torvet

Regionale Rohwaren • Dass Anders Granhøj lange Jahre in mit Michelin-Sternen gekürten französischen Restaurants am Herd stand, merkt man seiner ambitionierten Speisekarte selbstverständlich an. Hohes Niveau, originelle Kreationen und viel Liebe fürs Detail.
Torvet 10 • Tel. 61 10 01 • www.andersgranhoej.dk • Mai–Sept. Mo–Sa 18–24, Okt.–April Di–Sa 11–24 Uhr • €€€

Ziele in der Umgebung
◎ Fåborg   ▶ S. 151, E 7
17 000 Einwohner

Fåborg ist ein wunderschön gelegener Küstenort im Südwesten der Insel, urkundlich erstmals 1229 erwähnt. Zahlreiche Fischer- und Segelboote prägen den malerischen Hafenteil. Sehenswert ist auch die Bebauung rings um die Kirche, deren Glockenturm schon von weit her sichtbar ist, sowie der Ymer-Brunnen auf dem Marktplatz. Reizvoll ist die kleine, vom Hafen zur Innenstadt führende Holkegade.
26 km nordöstl. von Svendborg

MUSEEN
Faaborg Arrest

Vermutlich das originellste Museum der Umgebung, wenngleich mit traurigem Hintergrund. Hier können Sie ein Gefängnis von innen sehen, die kleinen Zellen bedrücken auch heute noch in ihrer Trostlosigkeit. Es gibt auch Sonderausstellungen zu Themen wie Drogen, Gewalt und Suizid.
Torvet 19 • www.ohavsmuseet.dk • Mitte Mai–Mitte Sept. tgl. 10.30–16.30, April–Mitte Mai Sa, So 11–15 Uhr • Eintritt 30 DKK, Kinder frei

Fåborg Museum

Wer sich für die fünische Malerei interessiert, darf dieses Museum nicht verpassen. Künstlern wie Johannes Larsen, Kai Nielsen oder Fritz Syberg ist hier ein gebührender Platz eingeräumt worden.

Grønnegade 75 • April–Okt. tgl. 10–16, Nov.–März Di–So 11–15 Uhr • Eintritt 50 DKK, Kinder frei

ESSEN UND TRINKEN

Falsled Kro

Edel • Seit vielen Jahren schon gehört dieses Haus zu den gastronomischen Top Ten in Dänemark. Französische Küche in Perfektion, serviert in herrlicher Umgebung.

Millinge, Assensvej 513 • Tel. 62 68 11 11 • www.falsledkro.dk • Di–So 12–14, 18.30–21.30 Uhr, Mai–Sept. auch Mo • €€€€

◎ **Horne**   ▸ S. 151, E 7

4000 Einwohner

Horne wäre als Ort weiter nicht erwähnenswert, wenn hier nicht eine der sieben dänischen Rundkirchen stehen würde.

32 km nordwestl. von Svendborg

SEHENSWERTES

Rundkirche

Die Rundkirche ist erst auf den zweiten Blick erkennbar, da sie heute Teil einer größeren Kirche ist. Sie diente einst Verteidigungszwecken, was Beschädigungen in der Mauer noch bezeugen.

Mitte Mai–Mitte Sept. tgl. 8–20, Mitte Sept.–Mitte Mai Di–Fr 9–13 Uhr

◎ **Langeland**   ▸ S. 151, F 7–8

16 000 Einwohner

Lang zieht sich die Insel zwischen Fünen und Lolland hin, von Nord nach Süd sind es ungefähr 55 km. Klassische Sehenswürdigkeiten sind hier allerdings nur spärlich zu entdecken, die Landschaft macht den Reiz der Insel aus. Campingplätze, Ferienhausgebiete, beschauliche Dörfer und für Radler so manche nicht enden wollende Steigung hält Langeland bereit. Sowohl der Abschnitt zwischen Bagenkop und Ristinge im Süden als auch der zwischen Lohals und Hov im Norden sind wunderbare Urlaubsgebiete mit relativ guten Stränden. Gleiches lässt sich für das Gebiet rund um Spodsbjerg sagen. Mittelpunkt der Insel aber ist ohne Zweifel der Hauptort **Rudkøbing**. Sein Hafen ist sicherlich nicht so verträumt, wie man es anderswo sieht. Allerdings sollten Sie ruhig einen Blick auf die historischen Kutter werfen, die hier liegen. Reizvoll sind die Fußgängerzone und ihre Fortsetzung zum Hafen hin (Brogade/Østergade), wo Sie überall kleine, feine Fachwerkhäuser sehen. Zugleich ist Langeland auch Schnittpunkt verschiedener Fährverbindungen nach Lolland, Ærø und Strynø.

26 km südöstl. von Svendborg

◎ **Tåsinge**   ▸ S. 151, E 7

Ein Blick auf die Landkarte lässt Tåsinge nur als Verbindungsstück zwischen Langeland und Fünen erscheinen. Tatsächlich liegt hier aber eines der schönsten Schlösser Dänemarks, Valdemars Slot.

9 km südl. von Svendborg

SEHENSWERTES

Valdemars Slot

Endlich einmal ein Schloss, in das man auch hinein darf. König Christian IV. (1639–1644) ließ es für seinen Sohn Valdemar errichten, der es aber nie bewohnte. Stattdessen zog Niels Juel, Dänemarks »Francis Drake«, 1678 ein. Das Schloss durchlebte mehrere heftige bauliche Veränderungen. Heute kann man sich überall umsehen. Es sind außerdem kleine Museen zu den Themen Jagdtrophäen, Spielzeug und Segelsport eingerichtet. Nach dem Besuch kann man sich in den Restaurants wieder stärken.

Troense, Slotsalléen 100 • www.valdemarsslot.dk • Mai Di–So 10–17, Juni–Aug. tgl. 10–17, Sept. Di–So 10–17, Anfang–Mitte Okt. Sa, So 10–17 Uhr • Eintritt Schloss 100 DKK, Kinder 50 DKK

◎ **Ærø** ▶ S. 151, E 7/8

8000 Einwohner

Müsste man ein anderes Wort für Idyll finden, hieße es wohl »Ærø«. Dass sie die Insel der Segler ist, das wird besonders in **Marstal** und **Søby** deutlich. Unverbrauchte Natur, wohin man auch blickt; feine Sandstrände, besonders im Norden. Bemerkenswert ist die Steilküste bei **Vordrup Klint** im Südosten der Insel. Und ein Schmuckstück ohnegleichen ist die Stadt **Ærøskøbing**. Fachwerkhäuschen an Fachwerkhäuschen, alle absolut gepflegt – seit dem ausgehenden Mittelalter ist die Vergangenheit hier allgegenwärtig, denn äußerlich wurde kaum etwas verändert; die Stadt steht unter Denkmalschutz. Natürlich versteht man es, aus dieser Schönheit Kapital zu schlagen. Während auch Ærøskøbing mehr zum Essen und Trinken als zum Einkaufen animiert, lockt das Städtchen Marstal als Handelszentrum der Insel.

34 km südwestl. von Svendborg

MUSEEN

Ærø Museum

Das volkskundliche Museum ist im alten Landvogteihof untergebracht. Auch hier ist die Seefahrt ein gewichtiges Thema. Daneben wird das Leben auf der Insel während der vergangenen Jahrhunderte skizziert.

Ærøskøbing, Brogade 3–5 • Mitte Juni–Anfang Sept. Mo–So 10–16, Anfang Sept.–Mitte Okt. Mo–So 11–15 Uhr • Eintritt 30 DKK, Kinder frei

Flaschenschiffsammlung

Über 200 Buddelschiffe unterschiedlichster Größe sind im Hinterhaus der Smedegade 22 in den »Flaskeskipsamlingen« ausgestellt – nur ein kleiner Teil der rund 1700 Flaschen, die hier unter einem Dach gesammelt und selbst hergestellt wurden. Peter Jakobsen, später als »Flaschen-Peter« bekannt, begründete die überaus sehenswerte Sammlung, die bald über Dänemarks Grenzen hinaus bekannt wurde. So bekam Jakobsen bald unaufgefordert Exponate aus aller Welt.

Smedegade 22, Ærøskøbing • Mitte Juni–Anfang Aug. tgl. 10–17, Mitte März–Mitte Juni, Anfang Aug.–Mitte Okt. tgl. 10–16, Mitte Okt.–Mitte März Di–Fr 13–15 Uhr • Eintritt 25 DKK

Marstal Søfartsmuseum

Alles, was auch nur im entferntesten mit der Seefahrt zu tun hat, ist in diesem Museum liebevoll zusammengetragen worden. Ob Lampen, Galionsfiguren oder Modelle, für echte Seebären Pflichtprogramm.

Marstal, Prinsensgade 1 • www.marstal-maritime-museum.dk • Juni tgl. 9–17, Juli tgl. 9–18, Mai, Sept., Okt. tgl. 10–16, Nov.–April Mo–Fr 10–16, Sa 11–15 Uhr • Eintritt 50 DKK

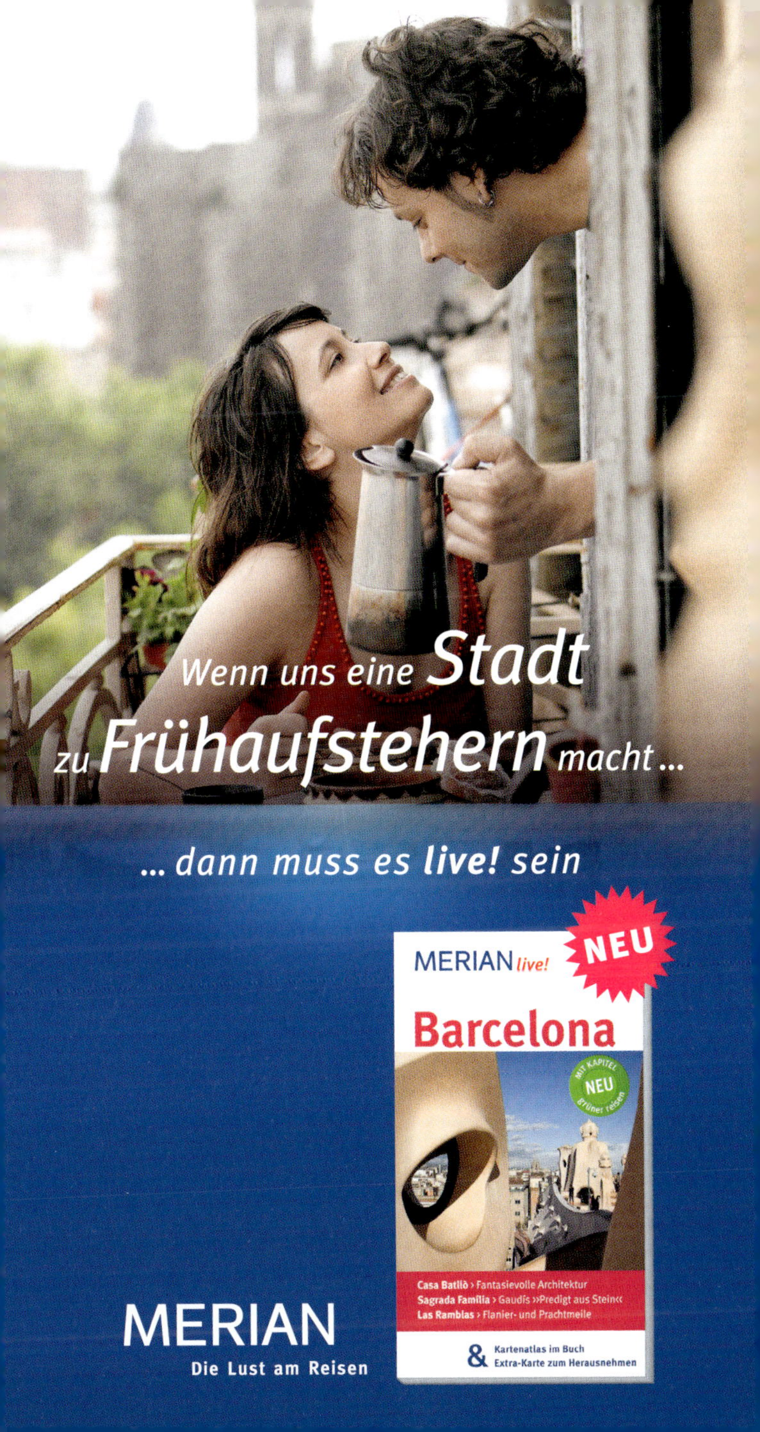

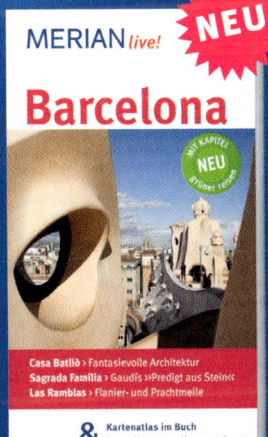

Wenn uns eine *Stadt*
zu *Frühaufstehern* macht …

… dann muss es *live!* sein

Mit Smørrebrød und Pistole

Dänische Kriminalromane und Krimiserien gewinnen auch hierzulande immer mehr begeisterte Anhänger.

Viele Jahre standen Dänemarks Krimiautoren im Schatten ihrer skandinavischen Kollegen. Dann aber stürmte **Jussi Adler-Olsen** die Bestsellerlisten. Der in das Sonderdezernat Q abgeschobene Kommissar Carl Mørck und sein Assistent Assad bilden nicht nur ein kontrastreiches Ermittlerpärchen, sondern lösen auch Fälle, an deren Aufklärung keiner mehr glaubt. Dabei blickt Adler-Olsen sehr kritisch auf gesellschaftliche Entwicklungen und baut eine wirklich beklemmende Spannung auf.

An Spannung fehlte es auch nicht beim Altmeister des dänischen Krimis **Dan Turéll** (1946–1993). Er war ein Dandy im besten Sinne des Wortes, der Musik machte, Romane, Essays, Gedichte und eine zwölfteilige Krimiserie schrieb. Im Mittelpunkt dieser Serie steht ein Journalist, der sich auch als Detektiv betätigt. Ein Mann mittleren Alters, cool, trinkfest, zynisch. Er erinnert an die von Chandler und Hammett entworfenen Detektive. Typen, die sich von keiner Niederlage beirren lassen, die unerbittlich ihren Weg verfolgen, bis sie den Fall endlich gelöst haben. Turélls Fälle spielen überwiegend in Kopenhagen, der Stadt, als deren Teil sich Turéll begriff. Es geht aber auch in die dänische Provinz und ins Ausland. In »Mord auf Malta« z. B. ist die Ex-Frau des Ermittlers ermordet worden. Er

◄ Einer der ganz Großen im Genre Krimi: Autor Jussi Adler-Olsen (► S. 102).

reist dorthin, wie immer in Begleitung von Kommissar Ehlers, dem der Leser auch in weiteren Bänden begegnet. Turélls Krimis psychologisieren nicht, sie suchen die Lösung nicht in dämonisch-düsteren Abgründen. Es sind typische Whodunnit-Krimis amerikanischer und englischer Tradition. In der Figur des namenlosen Ermittlers ist viel Dan Turéll enthalten.

Autobiografische Spuren

Ähnlich verhält es sich mit Karin Sommer, der Polizeireporterin einer Tageszeitung aus der Provinz südlich von Kopenhagen. **Gretelise Holm**, die die Protagonistin erschaffen hat, hat ihr so einiges ihrer eigenen Person mitgegeben. Sommer ist Mitte 50 und von der Frauenbewegung geprägt. Auch wenn das einstmals Kämpferische einer gewissen Altersmilde gewichen ist, so ist der kritische Blick auf Männer doch erkennbar.

Drei Bände sind auf Deutsch erschienen. In »Ein anständiger Mord« geht es darum, dass Vater, Mutter und Sohn einer Familie tot aufgefunden werden. Sommer soll einen Bericht schreiben, wird zurückgepfiffen und ermittelt auf eigene Faust weiter. Dabei nähert sich ihr der Täter, tötet ihre Katze, bricht bei ihr ein. Doch niemand glaubt Sommer, da z. B. Spuren eines Einbruchs fehlen. Und da sie einst in psychiatrischer Behandlung war, unterstellt man ihr Verfolgungswahn.

In »Die Robinson-Morde« geht es um rätselhafte Morde in einem Altersheim, um skurrile Gestalten und verschworene Gemeinschaften. Das alles auf einer kleinen dänischen Insel, auf der Sommer eigentlich ausspannen wollte. Spiegelt Turéll in seinen Krimis nur das typisch Dänische wider, so verfolgt Holm ein anderes Anliegen. Damit nähert sie sich der schwedischen Tradition, die Krimi mit Gesellschaftskritik verknüpft. In »Die Robinson-Morde« ist es das Leben als alter Mensch, das thematisiert wird. Wie geht die Gesellschaft damit um, dass Menschen immer älter werden, die Zahl der Betreuungs- und Pflegebedürftigen wächst? Welche Zustände haben wir in Alten- und Pflegeheimen? Der dritte Band »In tiefem Schlaf« beleuchtet die Flucht Deutscher aus Ostpreußen in Richtung Dänemark am Ende des Zweiten Weltkrieges. Und befasst sich zugleich mit der dänischen Teilnahme am Irak-Krieg. Auslöser ist ein versuchter Anschlag auf die Hauptfigur Karin Sommer, bei dem jemand anders stirbt.

Weitere Autoren

Kirsten Holst wiederum ist eine erfolgreiche Verfasserin von Jugendbüchern und Krimis. In insgesamt elf Bänden lässt sie Kommissar Høyer und seinen Assistenten Therkelsen ermitteln. Schauplatz ist die Westküste Jütlands. Zu den weiteren ins Deutsche übersetzten Autoren gehört **Sara Blædel** mit ihrer Serie um die Kopenhagener Kommissarin Louise Rick. Jens Christian Jensen hat Nina Portlands Arbeitsplatz im westjütischen Esbjerg angesiedelt. Doch ihre Fälle führen sie z. B. auch nach Estland und Berlin. Dicte Jensen hingegen ist Journalistin in Århus, wird aber immer wieder in Kriminalfälle verwickelt. Erdacht hat sich diese Figur Elsebeth Egholm. **Leif Davidsen** hingegen arbeitet mit ständig wechselnden Protagonisten. Neben Dänemark spielen seine Krimis hauptsächlich in Osteuropa.

Lolland, Falster und Møn

Lolland und Falster sind eher flach, Møn hingegen ist hügeliger und spektakulärer. Auf jeden Fall lohnen alle drei Inseln auch einen längeren Aufenthalt.

◄ Radfahren ist auf der flachen Insel Falster eher ein beschauliches als ein schweißtreibendes Vergnügen.

Lolland ▶ S. 152, A/B 12

55 000 Einwohner

Viele, viel zu viele Autourlauber lassen Lolland, nur wenige Kilometer nördlich von Fehmarn gelegen, unbeachtet links liegen und brausen schnell weiter in Richtung Kopenhagen. Schade eigentlich, denn Lolland besitzt durchaus seine Reize. Radler etwa finden hier (und auch im benachbarten Falster) ideale Bedingungen vor: Die Insel ist absolut flach, deswegen aber mit Sicherheit nicht langweilig. So führt zum Beispiel ein gut ausgebauter Fahrradweg von **Rødby** bis an die westliche Spitze Lollands auf einem Deich entlang. Die beiden größeren Städte, **Maribo** und **Nakskov**, können mit sehr schönen Innenstadtkernen aufwarten.

Mit dem **Automobil Museum Ålholm**, das im Schloss Ålholm untergebracht ist, und dem **Knuthenborg Safaripark** stehen zwei wirkliche Sehenswürdigkeiten hier auf Lolland. Es sollte auch nicht vergessen werden, dass rund um die Insel hervorragende Strände zu finden sind. Als kleine Idyllen für einen Tagesausflug bieten sich schließlich die Inseln **Fejø** und **Femø** an der Nordküste an.

Rødbyhavn, wo die Schiffe anlegen, wurde übrigens erst gebaut, als der Hafen von Rødby 1757 versandete. In Rødby zeugt eine Sturmflutsäule noch von der Überschwemmungskatastrophe, die 82 Menschenleben forderte. Südwestlich des Ortes liegt mit »Lalandia« ein großes Badeland, in dem man auch übernachten kann.

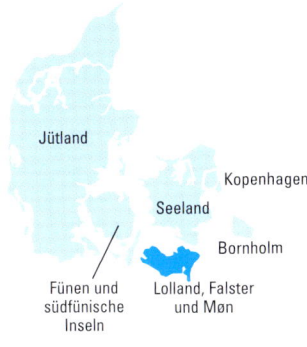

Jütland
Kopenhagen
Seeland
Bornholm
Fünen und südfünische Inseln
Lolland, Falster und Møn

Maribo ▶ S. 152, B 12

11 000 Einwohner

Ein reizvolles dänisches Provinzstädtchen, herrlich am Søndersø gelegen. Hier steht auch der imposante Dom, zu seinen Füßen sind die Reste jenes Birgittiner-Klosters zu sehen, um das herum Maribo einst entstand. Man sollte sich die Zeit für einen Bummel durch die Altstadtgässchen nehmen. Berühmtester Sohn der Stadt ist der Dichter und Pfarrer Kaj Munk, der für seinen Widerstand gegen die deutschen Besatzer bekannt wurde. 1944 ermordeten ihn die Deutschen, ihm zu Ehren wurde neben dem Rathaus eine Bronzeplastik aufgestellt.

SEHENSWERTES

Knuthenborg Safaripark 👫

800 Tiere leben in diesem riesigen Park in freier Wildbahn. Man kann mit dem Wagen an Giraffen und Tigern vorbeifahren, die Kleinen können zur Abwechslung ins Spielland gehen oder den Streichelzoo besuchen.

Bandholm • www.knuthenborg.dk • Mai, Juni, Aug tgl. 10–17, Juni tgl. 10–18, Anfang–Mitte Okt. Sa, So 10–16 Uhr • Eintritt 180 DKK, 95 DKK

Museumsbanen

Im Sommer verkehrt ein Museums-
zug von Maribo nach Bandholm und
zurück. 30 Min. pro Fahrt.
Maribo Station • Tel. 53 88 85 45 •
Mitte Juni–Aug. So 10, 13, 15 Uhr,
Juli auch Do 10, 13, 15 Uhr • Fahrpreis (einfache Fahrt) 45 DKK, Kinder
25 DKK

Nysted   ▶ S. 152, B 12

Dänemarks südlichste Stadt, wirkt
noch heute so, als sei die Zeit seit
dem 15. Jh., als der Ort seine Stadt-
rechte erhielt, stehen geblieben.
Selbst einige Brände konnten der
Idylle nichts anhaben. Einen Blick
hat die gotische Kirche verdient.

MUSEUM

Fuglsang Kunstmuseum

In schlichten, hellen Räumen kann
man die hervorragende Sammlung
sowie Sonderausstellungen betrach-
ten. Zwar versucht man, zeitlich das
gesamte Spektrum dänischer Kunst
abzudecken, doch der Schwerpunkt
liegt unübersehbar auf der Zeit
1900–1950. Das Museum befindet
sich auf einem Gelände, auf dem
auch ein herrschaftliches Anwesen
zu sehen ist. Der Herrenhof Fuglsang wurde im 14. Jh. errichtet, im
19. Jh. kräftig umgestaltet und wird
heute u. a. als Konzertraum genutzt.
Toreby L., Nystedvej 71 • www.
fuglsangkunstmuseum.dk • Mai–Aug.
tgl. 10–17, Sept., Okt. Di–So 11–16,
Nov.–April Mi–So 11–16 Uhr • Eintritt
70 DKK, Kinder frei

Falster   ▶ S. 152, B 12
50 000 Einwohner

Herrliche Sandstrände ziehen sich
an Falsters Ostküste hinauf. Ferienhäuser stehen dicht an dicht zwischen Gedser und Sr. Ørslev. **Marielyst** ist Mittelpunkt dieser beliebten
Ferienregion. **Halskov Vænge**, weiter nördlich an der Ostküste gelegen,
ist für historisch Interessierte spannend. Hier finden sich viele Bauta-
steine und Hügelgräber. Rund um
Hesnæs lassen sich verträumte Dörfer mit eigenwilliger Bebauung entdecken. Mittelpunkt der Insel ist das
schöne Städtchen **Nykøbing**, dessen
Wirtschaftsleben von der Zucker-
fabrik geprägt wird.

Nykøbing u Falster
                            ▶ S. 152, C 12
25 000 Einwohner

Im 13. Jh. erstmals urkundlich erwähnt, ist Nykøbing heute ein bedeutendes Industriezentrum. Ein
Besuch ist dennoch lohnenswert:
Die Hauptstadt der Insel besticht
durch sehr gut erhaltene Häuser aus
dem 16. bis 18. Jh. und eine äußerst
lebendige Fußgängerzone. Besondere Beachtung verdient hier der
historische Kaufmannsladen in der
Langgade 9. Der Zusatz »F« soll die
Verwechslung mit den Nykøbings in
Jütland und auf Seeland vermeiden.

SEHENSWERTES

Middelaldercentret 👫

Dieses eindrucksvolle Zentrum zeigt
die Lebensbedingungen des Mittelalters auf. Da gibt es zahlreiche historische Werkstätten, in denen nach
wie vor gearbeitet wird, man kann
beim Hausbau mitanpacken und
dabei spüren, wie schwer die Steine
und wie mühsam das Bauen damals
war. Man darf mit Pfeil und Bogen
sowie der Armbrust schießen, Kinder können sich zum Ritter ausbilden lassen. Höhepunkt eines Tages
ist aber die Demonstration des Kata-

pults, das die Kanonenkugeln in weitem Bogen in den Sund feuert (um 12 und 14 Uhr).

Hamborgskoven 2, Sundby L. • www.middelaldercentret.dk • Mai, Sept. Di–So 10–16, Juni–Aug. tgl. 10–16 Uhr • Eintritt 100 DKK, Kinder 50 DKK

ESSEN UND TRINKEN
Czarens Hus

Historisch • Welch historische Stätte! Am 15. Juli 1716 stand plötzlich der russische Zar Peter der Große in der Tür. Heute können Sie statt seiner hier speisen. Ein gemütliches Interieur, Spezialitäten des Hauses sind neben Fisch Geflügelgerichte wie etwa die »Hühnerbrust Rossini«. Nebenan gibt es ein kleines Heimatmuseum.

Langgade 2 • Tel. 54 85 28 29 • Mo–Sa 11.30–16, 17.30–22 Uhr • €€

Stubbekøbing   ▶ S. 152, C 12
6800 Einwohner

Ein verträumter kleiner Ort, der vor der Errichtung der nahen Farø-Brücke als Fährhafen Richtung Møn sehr viel belebter war. Eine »Nostalgiefähre« befördert Romantiker noch heute über den Grønsund. Sehenswerte Häuser stehen in der Vestergade. Aus dem Jahr 1200 stammt die dreischiffige Kirche mit ihrem gezackten Turm; 1618 entstand die Altarwand, 1634 die kunstvoll geschnitzte Kanzel.

MUSEUM
Motorcykel- og Radiomuseum

Peter L. Jensen, hier geboren, erfand 1915 den dynamischen Lautsprecher, was in Dänemark zunächst niemanden sonderlich beeindruckte, in Amerika dafür aber umso mehr. Als Reminiszenz gibt es dieses wunderbare Museum mit alten Radios,

In der Elmelunde Kirke (▶ S. 108) auf Møn beeindrucken plastische Fresken aus dem 15. Jh. mit Szenen der Schöpfungsgeschichte aus dem Alten Testament.

aber auch mit ca. 120 historischen Motorrädern.

Nykøbingvej 52 • www.motorcykel ogradiomuseum.dk • Juni–Aug. tgl. 10–17 Uhr • Eintritt 35 DKK, Kinder 10 DKK

Møn ▸ S. 152/153, C/D 11

11 000 Einwohner

Noch von der imposanten Farø-Brücke über den Storstrømmen beeindruckt (für Radler gesperrt!), verpasst man fast die Ausfahrt auf die Insel **Bogø** und somit die Weiterfahrt zum südöstlichsten Zipfel Dänemarks, nach Møn. Der Name des so friedlich wirkenden Eilandes bedeutet »Mädchen«.

Die meisten Besucher drängt es nach der Ankunft gleich auf die andere Küstenseite, um schnell die berühmten **Kreidefelsen** zu erreichen. Dabei lohnt jederzeit ein Abstecher ins

---

MERIAN-Tipp ⑨

NYORD ▸ S. 152, C 11

Nyord war einst eine Insel im Norden Møns, im 19. Jh. von Holländern oder Friesen bewohnbar gemacht. Damals zwang man durchfahrende Schiffe, einen einheimischen Lotsen zu Hilfe zu nehmen – oder einen Umweg über Møn zu fahren. Eine prima Einnahmequelle. In den 1980er-Jahren verband man die beiden Inseln, bewahrte so Nyord vor dem Verfall, restaurierte es und schuf ein sehr idyllisches Ambiente. Im Sommer schätzen die Radler, im Frühjahr und Herbst die Ornithologen dieses autofreie Fleckchen Land.

Hinterland. Etwa gleich hinunter in den idyllischen Hafenort **Vindebæk**, zu den interessanten Ganggräbern wie Grønsalen bei Fanefjord, zu den schier zahllosen Kunstgewerbe-Boutiquen, die sich quer über die Insel verteilen, hinauf zur Nordspitze **Ulvshale** (Naturschutzgebiet) mit ihrem sehr feinen Strand. Wer noch weiter, auf die verträumte Halbinsel **Nyord** will, muss das Auto allerdings stehen lassen. Schön ist auch die Hafenszenerie in **Klintholm Havn**.

Elmelunde Kirke ▸ S. 152, D 11

Von den vielen Fresken in der ältesten Kirche der Insel hat der »Elmelunde-Meister« die Höllenszene sehr plastisch dargestellt. Alle Motive stammen aus dem 15. Jh. und gelten als die schönsten in Dänemark. Die Farben Gelb, Grün und Rot sind typisch für seine Werke. In über einem Dutzend Kirchen auf Seeland, Fünen und Lolland trägt der Freskenschmuck seine Handschrift. Sein wirklicher Name ist nicht bekannt. Elmelunde (zwischen Stege und Møns Klint)

Møns Klint ▸ S. 153, D 11

Møns Kreidefelsen sind ein Naturspektakel ohnegleichen. Auf über 100 m erheben sich die Felsen aus dem Meer. Vom Parkplatz aus sind es noch einige Hundert Meter auf sehr unebenen Wegen und steilen Treppen hinunter bis zum Meer. Man sollte unbedingt feste Schuhe anhaben. Denn unten an der Brandung geht es über Steine und staubige Kreide. Man kann etwa 2 Std. in nördlicher Richtung spazieren gehen, bevor eine Treppe hinauf zum Schlösschen **Liselund** geht. Ein Weg führt dann oberhalb der Felsen

Am südlichsten Zipfel Dänemarks liegt das schmucke Fischerdorf Klintholm Havn
(▸ S. 108). Die berühmten Kreidefelsen von Møn sind nicht weit entfernt.

zurück. Für Wanderer, die weniger gut zu Fuß sind, zeigt bereits nach gut 30 Min. ein Weg wieder hinauf. Die Kreide ist rund 75 Mio. Jahre alt. Meer und Wind haben vor ein paar Jahrtausenden die Klippen geformt. Noch heute sind sie diesen Einflüssen ausgesetzt. Ihnen fiel im Winter 1987/88 der damals höchste Fels Sommerspiret zum Opfer, er stürzte ins Meer. So ist heute der **Dronningestolen** (Königinnenstuhl) mit 128 m das Wahrzeichen dieser Felswand.

Stege   ▸ S. 152, C 11
6000 Einwohner

Die Hauptstadt der Insel. Eine Fußgängerzone fehlt, stattdessen führt die Hauptstraße durch den Ort. Schöner wird Stege in den Nebenstraßen, in denen die historische Bebauung noch erhalten ist, oder am Stadtgraben, der sich am Museum entlangwindet. Man sollte dennoch nicht verschweigen, dass nicht Stege den Reiz der Insel ausmacht, sondern eingangs erwähnte Orte wie Nyord, Ulvshale oder Klintholm.

Bornholm
Näher an Schweden als an Dänemark, gilt die kleine Insel bei Urlaubern als wahres Juwel. Sie wird auch als »Dänemark in der Nussschale« bezeichnet: Strände und Sehenswertes auf engstem Raum.

◄ Steinbrüche und Fischereihäfen prägen Bornholms felsige Westküste beim kleinen Ort Helligpeder.

Bornholm

42 000 Einwohner
Karte: Klappe hinten

558 qkm ist die Insel groß, die gerne als »Dänemark in der Nussschale« bezeichnet wird. Das aber ist nur zum Teil richtig. Gewiss, es gibt die wunderbar feinen Strände um Dueodde. Das ausgezeichnete Radwegenetz. Und idyllische Straßenzüge wie in der Rønner Altstadt. Aber Bornholm hat auch wirklich Einzigartiges zu bieten: etwa die vier Rundkirchen oder die mächtige Burgruine Hammershus. Die geräucherten Heringe, »Bornholmer« genannt, und vorzüglichen Wildlachs. Maler begeisterten sich immer wieder für die Insel, entsprechend imposante Werke zeigt das Kunstmuseum. Überall trifft man auf Kunsthandwerker.

SEHENSWERTES

Allinge-Sandvig

▸ Klappe hinten, b 1/2

Eigentlich sind es zwei Städte, die aber so zusammengewachsen sind, dass man von einem Doppelort sprechen kann. **Allinge** ist ein netter Fischerort, an dessen Hafenstraße einige hübsche Geschäfte liegen. Weiter aufwärts steht die gelbe Kirche, die um 1500 errichtet und im 19. Jh. umgestaltet wurde. In der Pilegade befindet sich der russische Friedhof; nach dem Zweiten Weltkrieg war Bornholm fast ein Jahr von den Russen besetzt. In **Sandvig** begann Ende des 19. Jh. der Bornholm-Tourismus. Noch heute stehen hier die meisten Hotels. Zum Baden gibt es jedoch nur einen kleinen Strand.

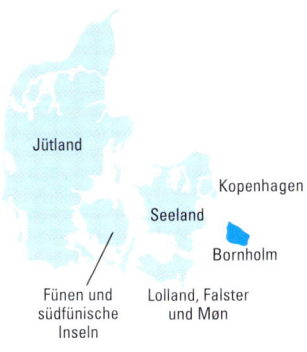

Jütland

Kopenhagen

Seeland

Bornholm

Fünen und südfünische Inseln

Lolland, Falster und Møn

Almindingen
▸ Klappe hinten, c/d 4

Hätte es Hans Rømer nicht gegeben, wir würden wohl heute kaum durch Dänemarks drittgrößtes Waldgebiet spazieren können. Denn um 1800 waren die Baumbestände hier in Almindingen fast verschwunden. Das Holz war für den Schiffsbau benutzt worden, die Bauern ließen anschließend ihr Vieh hier weiden, sodass nichts nachwachsen konnte.
Hans Rømer, der damalige Oberförster, ließ das Areal einzäunen und untersagte das Weiden. Die Bauern hassten ihn dafür. Heute umfasst Almindingen knapp 2500 ha Wald. Innerhalb des Areals finden sich Sehenswürdigkeiten wie der zweithöchste Punkt Dänemarks, der Rytterknægten (162 m) mit seinem Aussichtspunkt Kongemindet.
Landschaftlicher Höhepunkt ist vermutlich das 12 km lange Ekkotal.

Døndalen
▸ Klappe hinten, c 2

Nur 6 km nördlich von Gudhjem rauscht an der Straße nach Allinge linker Hand versteckt im Wald Dänemarks größter Wasserfall, Døndalfaldet. Die Fallhöhe beträgt 22 m. Zum Wasserfall gelangt man vom Parkplatz aus in ca. 10 Min.

Dueodde ▶ Klappe hinten, e 6

Etwa 1 km führt die Stichstraße hinunter Richtung Wasser. Der Bornholmer Strand gehört zu den feinsten in Europa, weshalb sein Sand früher auch zum Trocknen von Siegeln verwendet wurde. Von Snogebæk bis fast nach Rønne reicht er: Platz genug zum Baden und Sonnen.

Ertholmene ▶ Klappe hinten, f 1

Die Erbseninseln, wie die gesamte Inselgruppe eigentlich heißt, besteht aus Christiansø, Frederiksø, Græsholm, Tat, Vesterskær und Østerskær. Dabei besitzen die drei Letztgenannten nur Felscharakter, während Græsholm ein Vogelschutzreservat ist und nicht betreten werden darf.

Am 2. Mai 1855 verlor die Inselgruppe ihren militärischen Status, der letzte Soldat zog 1863 ab. Heute leben hier ca. 130 Menschen, Autos und Fahrräder sind nicht zugelassen, übrigens auch Katzen und Hunde nicht. Bei einer Größe von 710 x 430 m (Christiansø) bzw. 440 x 160 m (Frederiksø) sind Fortbewegungsmittel wohl aber auch nicht überlebensnotwendig.

Gudhjem ▶ Klappe hinten, d 3

Es müssen die Farben sein, die Gudhjems Reiz begründen. Schließlich hat es noch sämtliche Maler hier hingezogen, einheimische wie zugereiste. Immerhin streift der 15. Längengrad Gudhjem, weshalb die Sonne nirgendwo sonst in ganz Dänemark um die Mittagszeit so exakt im Zenit steht wie eben hier. Klar auch, dass man stolz statt von der Mitteleuropäischen Zeit von der Gudhjemer Zeit spricht.

Oluf Høst, Bornholms berühmtester Maler des letzten Jahrhunderts, ist von Svaneke hierher umgesiedelt.

Viele Maler und Kunsthandwerker ließen sich einst und jetzt vom Zauber Gudhjems (▶ S. 112) und den leuchtenden Farben der Landschaft inspirieren.

Und schließlich stand hier auch die Wiege der berühmten »Bornholmer«. Fischer brachten diese besondere Heringszubereitung von den nahen Erbseninseln mit, wo man sie von den Schotten erlernt hatte.

Hammershus

▸ Klappe hinten, b 2

Vollständig erhalten ist sie zwar nicht mehr, doch selbst als Ruine wirkt die Burg Hammershus irgendwie majestätisch. Vom meist überfüllten Parkplatz schreitet man, an Kiosk und Cafeteria vorbei, auf die Burg zu, die sich nach wie vor eindrucksvoll unmittelbar an der Küste in den Himmel reckt. Dies also war früher auf Bornholm das Zentrum der Macht!

Von hier lenkte zunächst die Kirche die Geschicke der Insel, später die weltlichen Herrscher, so etwa die Lübecker 1525 bis 1575, als der dänische König ihnen die Insel für 50 Jahre vermachte. Hier überlisteten die Bornholmer 1658 die schwedischen Besatzer und befreiten die Insel, hier versuchte die Königstochter Leonora Christina mit Mann und Diener aus der Gefangenschaft zu fliehen. Hier holten sich später die Bornholmer Burgsteine als Baumaterial für die eigenen vier Wände. Und hier spielte auch manch dramatische Erzählung, so etwa Martin Andersens Werk »Der Todeskampf«. Den Grundstein legte 1255 der Lunder Erzbischof Jacob Erlandsen, der Hammershus als geistliches Gegengewicht zur Lilleborg im Almindinger Wald anlegen ließ. Wer in der Folgezeit die Macht über Bornholm besitzen wollte, musste über Hammershus gebieten. Oft genug ist die Burg deshalb angegriffen worden.

MERIAN-Tipp 10

BORNHOLMS BRAND PARK
▸ Klappe hinten, d 4

Mit Klappstühlen und Kühltasche machen es sich hier die Insider bequem, studieren Pferde und Jockeys, setzen auf Platz oder Sieg. Und der Besucher schließt sich dem auf der kleinen, im Wald gelegenen Trabrennbahn gerne an, die Einsätze sind gering. Die Gewinne können gleich in Eis oder »Pølser« investiert werden. 4–5 Std. kann so ein Nachmittag oder Abend dauern.
Almindigen • http://bornholms-brandpark.dk

Helligdomsklipperne
▸ Klappe hinten, c 2

Eine der bekanntesten Bornholmer Klippenpartien sind die Helligdomsklipperne (Heiligtumsklippen), die sich nahe dem Kunstmuseum senkrecht aus dem Meer erheben. Links und rechts von ihnen gibt es noch in Felsen gewaschene Höhlen, die man am besten per Boot von Gudhjem aus erkundet.

Paradisbakkerne
▸ Klappe hinten, e 5

Neben Almindingen (▸ S. 111) ist Paradisbakkerne (Paradieshügel) das lohnendste Wandergebiet im Bornholmer Binnenland. Auf drei markierten Routen kann man diese Region erkunden. An diese sollte man sich halten, denn Paradisbakkerne ist ein eher unübersichtliches Terrain, in dem man sich leicht verlaufen kann. Festes Schuhzeug ist unverzichtbar.

Sehenswert ist der Rokkesten (Rüttelstein), ein Findling aus der Eiszeit, wie es ihn ähnlich auch in Rutsker Højlyng und Almindingen gibt.
Ca. 3 km nordwestl. von Neksø

Rundkirchen

Von Dänemarks sieben Rundkirchen stehen vier auf Bornholm. Sie wurden zwischen 1150 und 1200 zum Schutz der Bevölkerung vor den Wenden errichtet und verfügen über zwei bis drei Stockwerke. Die Østerlars Kirke ist die größte, die Olskirke die höchste, die Nykirke die jüngste, und an der Nylars Kirke fallen die kleinsten Fenster auf.

WUSSTEN SIE, DASS ...

... das Rønne Teater das älteste dänische Provinztheater ist? Es existiert seit 1823. Gespielt werden vorzugsweise Stücke mit Bornholm-Bezug.

Rønne ▸ Klappe hinten, a 4/5

Wer je mit dem Schiff Rønne ansteuerte, wird nicht vergessen, wie sich die Silhouette langsam am Horizont abzeichnet. Fixpunkt ist dabei die weiße St. Nikolai-Kirche unmittelbar am Hafen. Um sie herum erstreckt sich heute Rønnes schönstes Viertel. Rot, gelb oder weiß getünchte kleine Häuser mit winzigen Gärten reihen sich hier aneinander. Wer es ganz besonders gut getroffen hat, kann sogar vom Wohnzimmer aus das Geschehen im Hafen beobachten.
Rønne ist mit 15 000 Einwohnern die Hauptstadt der Insel. Die Geschäfte findet man rund um den Marktplatz, ein größeres Einkaufs-

zentrum steht nahe des Hafens (Snellemark Center).

Svaneke ▸ Klappe hinten, f 4

Der Ort hat schon immer mit seiner historischen Bebauung und seinem hübschen, überschaubaren Hafen begeistern können. 1975 prämierte der Europarat die Innenstadterhaltung. In den letzten Jahren ist aus dem Städtchen mit seinen 1200 Einwohnern auch ein zumindest im Sommer quicklebendiges Einkaufszentrum geworden. Den Marktplatz und den Weg zum Hafen hinunter säumen zahlreiche Boutiquen. Keramiker scheinen Svaneke besonders zu lieben.

MUSEEN

Andersen Nexøs Mindestue
▸ Klappe hinten, f 5

Im ehemaligen Haus des Schriftstellers Andersen Nexø ist seit ein paar Jahren eine kleine Gedenksammlung untergebracht. Sie zeigt das Arbeitsgerät des Autors ebenso wie wichtige zeitgenössische Dokumente oder Lizenzausgaben.
Nexø, Ferskesøstræde 36 • Mitte April–Mitte Okt. Mo–Sa 10–16 Uhr • Eintritt 10 DKK, Kinder 5 DKK

Bornholms Kunstmuseum
▸ Klappe hinten, c 2

Von außen eher abstoßend, innen lichtdurchflutet und mit einer eigenen, faszinierenden Architektur. Bornholm und seine Künstler stehen im Zentrum der Schau. Wobei die Bornholmer Künstler nicht unbedingt immer die Insel zum Motiv hatten. Hier begegnet man Kristian Zahrtmann, Oluf Høst, Poul Høm und anderen. Von einem Aussichtsturm kann man bis nach Christiansø

Majestätisch thront die Festung Hammershus (▶ S. 113) – übrigens die mächtigste Burgruine Nordeuropas – auf einem 74 m hohen Granitblock und blickt übers Meer.

blicken, Wanderwege durchziehen die Umgebung.
Helligdommen • www.bornholms-kunstmuseum.dk • April–Okt. tgl. 10–17, Nov.–März Di, Do, So 14–17 Uhr • Eintritt 70 DKK, Kinder gratis

Bornholms Museum
▶ Klappe hinten, a 4

Für Bornholm-Einsteiger unbedingt empfehlenswert, wird hier die Geschichte der Insel doch ebenso eindrucksvoll illustriert wie etwa Flora und Fauna und Bornholmer Besonderheiten wie die Rundkirchen.
Rønne, Skt. Mortensgade 29 • www.bornholmsmuseum.dk • Mitte Okt.–Mitte Mai Mo–Sa 13–16, Mitte Mai–Juni, Sept.–Mitte Okt. Mo–Sa 10–17, Juli, Aug. tgl. 10–17 Uhr • Eintritt 70 DKK, Kinder frei

Erichsens Gård ▶ Klappe hinten, a 4

In dem Haus der Anwaltsfamilie Erichsen verkehrte der Schriftsteller und Maler Holger Drachmann einst ebenso wie der Maler Kristian Zahrtmann. Drachmann war in erster Ehe mit der Tochter Erichsens, Vilhelmine, verheiratet. Bis heute ist der bürgerliche Charakter des Interieurs erhalten, wodurch ein Eindruck vom Lebensstil Ende des vorigen Jahrhunderts vermittelt wird.
Rønne, Laksegade 7 • Mitte Mai–Mitte Okt. Mo–Sa 10–17, Juli, Aug. auch So 10–17 Uhr • Eintritt 50 DKK

Landbrugsmuseum Melstedgård
▶ Klappe hinten, d 3

Das sehr eindrucksvolle Landwirtschaftsmuseum gibt einen Einblick in die bäuerliche Kultur, zeigt den Jahresverlauf auf Hof und Acker und präsentiert alte Gerätschaften. Am Wochenende gibt es dann noch Veranstaltungen wie etwa Volkstanz.
Melsted, Melstedvej 25 • Mitte Mai–Sept. Di–So 10–17, Juli, Aug. tgl. 10–17 Uhr • Eintritt 70 DKK

NaturBornholm ♟♟

▸ Klappe hinten, c 5

Ein hochspannendes Museum für jedes Alter. Man taucht ein in die Frühzeit der Insel, durchwandert ihre Veränderungen und landet im Heute. Das alles wird höchst lebendig veranschaulicht, u. a. auch mit vielen Tieren und interaktiven Angeboten.
Åkirkeby, Grønningen 30 • www.naturbornholm.dk • Mitte März–Okt. tgl. 10–17 Uhr • Eintritt 95 DKK, Kinder 50 DKK

Oluf Høst Museum

▸ Klappe hinten, d 3

Von all den berühmten Künstlern, die die Insel verewigten, war Oluf Høst der einzige auf Bornholm geborene. Sein Hauptmotiv ist ein Bauernhof nahe Gudhjems gewesen, der vor ein paar Jahren niederbrannte. Heute sind in seinem früheren Haus einige seiner schönsten Werke ausgestellt. Zauberhaft ist der Felsengarten mit Høsts Sommeratelier.
Gudhjem, Løkkegade 35 • www.ohmus.dk • Mai Di–So 11–17, Juni–Sept. tgl. 11–17 Uhr • Eintritt 75 DKK, Kinder 35 DKK

ÜBERNACHTEN
Hotel Fredensborg

▸ Klappe hinten, a 5

Nummer eins • Bornholms Nobel-Hotel mit hervorragender Küche. Es liegt etwas außerhalb des Zentrums in Richtung Flughafen unmittelbar am Wasser. Kleidungsmäßig geht es hier ebenso leger wie gepflegt zu.
Rønne, Strandvejen 116 • Tel. 56 95 44 44 • www.radissonblu.com • 75 Zimmer, 12 Apartments • ♿ • €€€

Hotel Siemsens Gaard

▸ Klappe hinten, f 4

Tolle Lage • Gutes, zu Recht renommiertes Haus am Hafen. Das historisch geprägte Gebäude erweist sich im Inneren als modern und gepflegt. Es besitzt ein gutes Restaurant und einen sehr schönen Innenhof mit Blick aufs Wasser.
Svaneke, Havnebryggen 9 • Tel. 56 49 61 49 • www.siemsen.dk • 50 Zimmer • €€€

Snogebæk Hotelpension

▸ Klappe hinten, f 6

Familiar • Ein sehr familienfreundliches Hotel mit hauseigenem Swimmingpool. Gegessen wird im Haupthaus, während die Zimmer im Holzbungalow im Garten eingerichtet wurden. Jedes Zimmer besitzt eine kleine Terrasse, schön in lauen Sommernächten.
Snogebæk, Ellegade 9 • Tel. 56 48 80 80 • www.zzz-zzz.dk • 25 Zimmer • €€

ESSEN UND TRINKEN
Den Lille Havfrue

▸ Klappe hinten, f 6

Gemütlich • Eines der besten Bornholmer Restaurants. Die Speisekarte wird vom Fisch dominiert, daneben gibt es aber auch Fleisch- und Vegetariergerichte. Raffinierte Zubereitung, guter Service, das Interieur schwankt zwischen Kühle und Gemütlichkeit. Gute Weinkarte.
Snogebæk, Hovedgaden 5 • Tel. 56 48 80 55 • www.denlillehavfrue bornholm.dk • tgl. 12–22 Uhr • €€€

Di 5 stâuerna ▸ Klappe hinten, a 5

Regional geprägt • In diesem im Hotel Fredensborg eingerichteten Restaurant geht es bei aller Klasse doch recht leger zu. Fisch und Fleisch halten sich auf der Karte die Waage, Sie sollten unbedingt auf die Tagesangebote achten. Die Weinkarte ist reichhaltig, der Service sehr freundlich.

Rønne, Strandvejen 116 • Tel. 56 95 44 44 • tgl. 11–21.45 Uhr • €€€

Le Port ▸ Klappe hinten, a 2

Für den Sonnenuntergang • Eines der besten Restaurants der Insel, gemütlich und gepflegt. Verschiedene Fleisch- und Fischgerichte werden je nach Saisonlage angeboten. Von der Terrasse hat man einen schönen Blick über die See.

Vang, Vang 81 • Tel. 56 96 92 01 • www.le-port.info • tgl. 12–21.30 Uhr • €€€

Hasle Røgeri ▸ Klappe hinten, a 3

Historisch • Viele Jahre standen die Heringsräuchereien in Hasle leer. 1990 wurden sie wieder in Betrieb genommen. Dabei richtete man einen Teil historisch ein und ergänzte ihn mit zeitgenössischen Dokumenten, sodass der Besucher heute einen kleinen Einblick in die Heringsräucherei der damaligen Zeit erhält. In der aktiven Räucherei selbst gibt es die typischen Gerichte vom einfachen »Bornholmer« mit Brot über »Sonne über Gudhjem« bis hin zu Lachs und Makrele.

Hasle, Sdr. Bæk 16–20 • Tel. 56 96 44 11 • tgl. Mitte Juni–Mitte Aug. 10–19, Mai–Mitte Juni, Mitte Aug.–Sept. 10–18, Okt. 10–16 Uhr • €

EINKAUFEN

Baltic Sea Glass
▸ Klappe hinten, d 3

Es gibt mehrere Glasbläsereien auf der Insel, und die Geschmäcker sind bekanntlich verschieden, aber allgemein gilt diese als künstlerisch perfekteste auf Bornholm. Gebrauchsglas in Serien gibt es hier ebenso wie wertvolle Unikate.

Gudhjem, Melstedvej 47 • Mo–Fr 10–17, Sa 10–14, Juli, Aug. tgl. 10–18 Uhr

Bornholms Vinforsyning

Auf Bornholm wurden in den letzten Jahren viele inseltypische Spezialitäten entwickelt, so Kekse aus Åkirkeby, Bonbons und Bier aus Svaneke oder Schokolade aus Gudhjem. In diesem Geschäft bekommt man viele von ihnen, hauptsächlich aber Wein, darunter auch »Rondo«, den einzigen Bornholmer Wein (aus Pedersker).

Åkirkeby, Torvet 2

Stærmose ▸ Klappe hinten, c 6

Im Inselsüden, im Dorf Boderne, findet man im Modegeschäft von Pia Stœrmose die umfangreichste Auswahl an Qualitätsmode. Ob Day oder Sand, Gant oder Red/Green, hier sollte eigentlich jeder etwas Passendes finden. Es gibt auch eine Outlet-Abteilung, in der man in ausgelaufenen Kollektionen suchen kann. Die Bedienung ist freundlich und persönlich, sodass der Anteil der Stammkunden sehr hoch ist. Und das ist ja eigentlich immer ein gutes Zeichen. Und wer sich nach dem Shopping erholen will, hat nur 20 m bis zum herrlichen Sandstrand.

Boderne, Boderne 2 • tgl. 10–18 Uhr

SERVICE

AUSKUNFT

Bornholms Velkomstcenter

Rønne, Ndr. Kystvej 3 • Tel. 56 95 95 00 • www.bornholm.info

Ob man Dänemark per Rad oder Auto erkundet, ist auch eine Frage der Kondition. Inseln wie Fünen (▶ S. 91) stehen bei Radlern hoch im Kurs.

Touren und
Ausflüge

Ein dichtes Netz kleiner Nebenstraßen, die Meeres-
küste immer in der Nähe – entdecken Sie Dänemarks
schönste Winkel doch in aller Ruhe und Gemütlichkeit.

Auf dem Heerweg durch Jütland – Der Klassiker mit dem Fahrrad

CHARAKTERISTIK: Historische Route durch das Binnenland, anfangs sehr flach, dann zunehmend mit Steigungen **DAUER:** 3 Tage **LÄNGE:** 235 km **EINKEHR-**  **TIPP:** Brygger Bauers Grotter, Sct. Mathias Gade 61, Viborg, Tel. 86 61 33 00, www.bryggerbauersgrotter.dk €€€
KARTE ▸ S. 150, C 8–S. 148, C 4

Ausgangspunkt der Radtour ist **Flensburg**. Hier orientieren Sie sich zum westlich gelegenen Ortsteil Harrislee. Parallel zu den Bahnschienen überqueren Sie die Grenze bei **Padborg** und **Frøslev**.

Frøslev ▸ Povlsbro
Unmittelbar hinter der Autobahnüberquerung bei Frøslev liegt linker Hand die **Frøslev Plantage**. Dort befindet sich auch das einstige Gefangenenlager aus dem Zweiten Weltkrieg, heute ein Museum.

In der Folgezeit wechseln reizvolle Abschnitte durch Wälder mit den Landstraßenetappen. Besondere Vorsicht ist immer dann geboten, wenn sich die Strecke einer Autobahnauffahrt nähert, Lkws und Pkws fahren da zum Teil recht rücksichtslos. Sehr idyllisch hingegen ist der Übergang über die **Gejl Å**, die später folgende Steinbrücke **Povlsbro** ist wohl eines der bekanntesten Fotomotive des Heerweges.

Povlsbro ▸ Vojens
Urnehoved war einst ein bedeutender Versammlungsort, heute ist er nur noch ein idealer Platz für eine kleine Rast. In **Hjordkær** finden Sie eine Steinsetzung in Radform. Sie ist Teil einer Grabanlage aus der Steinzeit. Die **Damgard Mølle**, 5 km nördlich von Rødekro, aus dem Jahre 1867 ist Dänemarks einzige Buchweizenmühle. Sie liegt westlich

der Straße 24. Hinter Hovslund Storby steht ein imposanter Runenstein, der **Hærulfsten**. Dann erreichen Sie die Immervad Bro, eine Brücke aus großen behauenen Steinen. **Holmshus Stendysser** ist eine ca. 5000 Jahre alte Grabanlage aus der Steinzeit.

Vojens ▸ Baekke
Vojens ist für seine Speedwaybahn bekannt, **Jels** für sein Planetarium und seine Wikingerspiele. Von Jels geht es auf meist beschaulichen Straßen nach **Askov**. Unterwegs passieren Sie die Kongeå, den alten Grenzfluss. Das Gebiet südlich des Flusses gehörte früher zum Herzogtum Schleswig. Nach dem Krieg 1864 dann zum Deutschen Reich, und erst mit der neuen Grenzziehung 1920 änderte sich das wieder.

Askov selbst besitzt für die dänische Geschichte eine wichtige Rolle, wurde doch hier 1844 die erste Volkshochschule begründet. **Vejen** ist eine recht stark frequentierte, unter dem Durchgangsverkehr leidende Ortschaft mit einem guten Kunstmuseum.

Bække ▸ Øster Nykirke
Bis **Bække** begleitet Sie wieder heftiger Autoverkehr. Danach wird es zwar ruhiger, zunehmend aber auch vom Gelände her etwas anspruchsvoller. Nördlich des Ortes erkennen Sie mit **Klebæk Høje** eine 45 m lange Schiffssetzung. Großartig dann die

Skulpturen von Robert Jacobsen und Jean Clareboudt, die man im Skulpturenpark **Tørskind grusgrav** sieht. In **Mølvang** sollten Sie kurzfristig vom eigentlichen Heerweg abweichen. Denn es ist nur ein kurzes Stück bis **Jelling**. Die Runensteine, Dänemarks Taufstein, sind ein Muss. Wieder zurück auf dem Heerweg. Zwar behaupten die Jüten, dass die ein Stückchen nördlich gelegene **Øster Nykirke** mit 127 m Dänemarks höchstgelegene Kirche ist, doch wird sie tatsächlich von der Rutskirke auf Bornholm um 4 m übertroffen. Nach einer kurzen Unterbrechung behält die Streckenführung nun ihren grünen Charakter bei.

Øster Nykirke ▶ Hald Sø

Nördlich von **Nørre Snede** geht es wieder hinein in die Wälder. Zum Teil muss recht heftig in die Pedale getreten werden, mancher schiebt lieber. Oder sucht während einer Rast nach Beeren. Östlich von Vrads entspringt Dänemarks längster Fluss, die Gudenå. Asklev, Funder Kirkeby und Kragelund (romanische Kirche mit schönem Südportal) heißen die nächsten Dörfer.

In **Thorning** steht das Blicheregnens Museum mit einer Sammlung über den Schriftsteller Steen Steensen Blicher sowie einer lokalhistorischen Sammlung.

Traumhaft schön wird es nun nochmals am **Hald Sø**, einem See in einer hügeligen Landschaft, die unübersehbar von den sich zurückziehenden Massen der Eiszeit geformt wurde. Der Hald Sø ist bis zu 34 m tief. **Dollerup Bakker** ist eine Heidelandschaft, die mitunter herrliche Ausblicke zulässt. Und dann ist endlich, endlich **Viborg** erreicht, das Ziel dieser durchaus anstrengenden, aber auch sehr schönen Radtour. Hier wurden früher Könige gekrönt, und hier nahm die dänische Reformation ihren Anfang.

Wer die historische Route des Heerwegs (▶ S. 120) mit dem Stahlross bewältigt, wird mit einer abwechslungsreichen Landschaft und reizvollen Fotomotiven belohnt.

Mit der Margerite durch Jütland – Die schönsten Landschaften und Orte

CHARAKTERISTIK: Landschaftlich sehr schöne Tour auf der Margeritenroute um Jütland herum **DAUER:** ca. 1 Woche **LÄNGE:** ca. 800 km **EINKEHRTIPP:** Hopballe Mølle, Hopballevej 56, Jelling, Tel. 75 85 32 56, www.hopballe.dk, nur Fr–So (Fr ab 12, Sa/So ab 10 Uhr) €€

KARTE ▶ S. 150, C 7–B 7

Die Margeritenroute verbindet die schönsten Straßen Dänemarks miteinander. Wer in aller Beschaulichkeit durch das Land reisen will, orientiert sich am besten an dieser Blume auf braunem Hintergrund. Man kann diese Route mit dem Rad oder mit dem Auto zurücklegen. Wählen Sie aber besser die Autovariante, denn eine so lange Strecke per Fahrrad zurückzulegen ist nicht jedermanns Sache. Zudem führt die Strecke oft über enge Landstraßen und nicht entlang der sicheren Radwege. Autofahrern bietet die Route die Möglichkeit, das Land auf Wegen kennenzulernen, die sie sonst wohl nie befahren hätten.

Die vorgeschlagene Tour führt die Ostküste hinauf und an der Westküste wieder zurück. Umgekehrt ist sie natürlich ebenso denkbar.

Gejlå ▶ Søndrup

Der Einstieg beginnt an der Straße 8 unmittelbar hinter der Grenze. Westlich der Autobahn E 45 führt die Straße nach **Gejlå** und weiter über kleine Straßen hinein nach **Aabenraa**.

Von **Haderslev** führt Sie die Strecke zunächst auf der recht lebhaften Straße 170 bis **Christiansfeld**. Herrlich dann der Weg hinunter in den kleinen Badeort **Hejlsminde**. Hier möchte man bleiben, am Wasser sitzen, träumen, doch es geht weiter nach **Kolding**. Vorbei ist es vorerst

mit dem Wasser. **Billund** (Legoland!) **7** ist die nächste Station.

Hinter Billund verlassen Sie die Margeritenroute kurzfristig. Bei Lindeballe folgen Sie stattdessen der Ausschilderung nach **Jelling**, wo Dänemarks Taufsteine stehen. Hier nehmen Sie einen anderen Zweig der Margerite auf, der Sie wieder Richtung Wasser führt. **Horsens** ist die nächste größere Stadt.

Dänemark ist Meer, deshalb verlassen wir Horsens auf der Straße 451 Richtung Århus, auch wenn sie nicht zur Margeritenroute gehört. Ab **Søndrup** folgen wir der Margerite dann wieder. Von Hov legt das Schiff nach Samsø ab, was uns aber heute kaum interessiert.

Søndrup ▶ Auning

Dicht am Wasser fahren wir weiter Richtung **Århus**. Herrlich ist die Einfahrt von Süden her, in **Moesgård** gibt es u.a. ein historisches Museum und den Sommersitz der Königin, Marselisborg Slot.

Wer schneller gen Norden will, besucht zwar auch bei Hornslet noch **Rosenholm Slot**, kürzt bald darauf aber bei **Hvilsager** die Tour ab und fährt auf der Straße 563 nach **Auning**. Der Ort besitzt ein Landwirtschafts- und ein Herrenhofmuseum. Der Margerite folgend, fahren Sie nach **Randers**. Von hier zieht es die Blume nun ins Binnenland, in einem weiten Bogen geht es auf **Viborg** zu. Dies ist allerdings kein notwendiger Umweg. Stattdessen empfiehlt sich der Weg über Bjergby, Spentrup und Kærby direkt gen Norden nach **Mariager**. Dort begegnen Sie der Margerite wieder und folgen ihr am Mariagerfjord nach **Hadsund**. Und von hier aus geht es in das eindrucksvolle Waldgebiet von **Rold Skov**: Aalborg wird ausgelassen, stattdessen fahren Sie hinter Støvring ostwärts endlich wieder an die Ostsee.

Voerså ▶ Thisted

Sæby und **Frederikshavn** sind die nächsten Stationen, dann flüchten Sie sich vor dem vielen Autoverkehr gen Skagen ins Binnenland. Bei Tuen an der Straße 597 können Sie sich dann doch noch für den Weg nach Skagen und Grenen entscheiden, die Margerite sieht ihn nicht vor. Die möchte lieber schnell wieder gen Süden und folgt deshalb bis Fjerrit-slev konsequent dem Küstenverlauf an der Nordsee. Bei Østerild ist eigentlich ein Umweg nach Hanstholm und dann der Weg weiter nach Thisted vorgesehen. Doch wenn Sie nicht unbedingt ins dortige Aquarium wollen, lohnt dieser Weg kaum, fahren Sie lieber direkt nach **Thisted**. Und genießen Sie die Fahrt über die Insel **Mors**.

Thisted ▶ Tønder

Von hier führt die Margerite westwärts nach Agger, und von nun an fahren Sie konsequent am Wasser gen Süden. Einzig der Abstecher nach **Ringkøbing** bildet eine Ausnahme. Erst südlich des Ringkøbingfjords bei Nymindegab verlassen Sie vorübergehend das Wasser. Esbjerg wird erreicht, bald Ribe, Skærbæk, ein letztes Mal wieder an die Nordsee, dann ein Abstecher nach **Møgeltønder**. Und schließlich kommen Sie nach **Tønder** und sind am Ende der Tour angelangt.

Dänemarks Taufsteine (▶ S. 122): Das Ensemble von Kirche, Grabhügeln und Runensteinen in Jelling gehört seit 1994 zum Weltkulturerbe der UNESCO.

Mit dem Fahrrad rund um Fünen – Die Insel Hans Christian Andersens

CHARAKTERISTIK: Abwechslungsreiche und zuweilen hügelige Tour in einmaliger Landschaft **DAUER:** 4 Tage **LÄNGE:** 245 km **EINKEHRTIPP:** Restaurant Målet, Jernbanegade 17, Odense, www.restaurantmaalet.dk €

KARTE ▶ S. 151, E 7

Da es sich bei dieser Tour um eine Rundtour handelt, kann an jeder beliebigen Stelle eingestiegen werden.

Fåborg ▶ Lundeborg

Von **Fåborg** geht es Richtung Osten. Die Kaleko Mølle am Ortsausgang ist heute ein Museum mit der ältesten erhaltenen Müllerei Dänemarks. Weiter Richtung Gut Holstenhus. Von hier aus halten Sie sich südlich und erreichen im pittoresken **Fjællebro** wieder die Küste. Sie bleiben dicht am Wasser und passieren Lehnskov. Dann sind Sie auch schon in **Svendborg**. Dieser Abschnitt ist ca. 30 km lang. Von Svendborg empfiehlt sich noch ein Abstecher zum Valdemars Slot sowie der alten Fischersiedlung Troense auf der Insel Tåsinge. Verlassen Sie Svendborg in Richtung Skårupøre, um die Rundtour fortzusetzen. Fischerdörfer und Ferienhaussiedlungen begleiten Sie. Lohnend ist der Abstecher nach **Broholm**, das Anwesen liegt etwas erhöht. Direkt an Ihrem Weg liegt **Hessellagergård**, das schon im 13. Jh. als Königsresidenz genutzt wurde. Für eine Pause empfiehlt sich der kleine Fischerort **Lundeborg**.

Gönnen Sie sich und Ihrem Drahtesel in Bogense (▶ S. 125) eine Verschnaufpause und genießen Sie im Hafen ein Stück frisch geräucherten Fisch.

Lundeborg ▶ Nyborg

Auf der Tour weiter gen Nyborg passieren Sie den **Damestenen**, auch Hessellagerstein genannt. Mit ca. 1000 t und 13 m Höhe ist er der größte Felsblock, den die Eiszeit nach Dänemark gebracht hat.

Dem Klischee einer typischen Ritterburg gleicht **Rygård**. Das Gut Glorup kann mit einem sehr schönen Park aufwarten. Kurz vor Nyborg erblicken Sie dann noch Schloss Holckenhavn, ein Renaissancebau aus dem 16. Jh. Dann ist **Nyborg** erreicht. Dort lohnt vor allem der Besuch des alten Schlosses. Dieser Abschnitt ist ca. 40 km lang.

Nyborg ▶ Fyns Hoved

Von Nyborg geht es Richtung Avnlev weiter und von dort Richtung Küste und vorbei an Risinge und Lundsgård. In **Kerteminde** können Sie sich das Ladbyschiff und das Johannes-Larsen-Museum anschauen. Dieser Abschnitt ist ca. 22 km lang.

Den Abstecher auf die Landzunge **Hindsholm** sollte man sich wegen der einmaligen Landschaft gönnen. An Viby vorbei geht es zur Digerbanke, von wo aus man einen grandiosen Blick über den Großen Belt hat. Schließlich fährt man an Martofte vorbei zu **Fyns Hoved**. Hier fand der Maler Johannes Larsen viele seiner Motive.

Stubberup ▶ Odense

Auf dem Rückweg halten Sie in **Stubberup**, die dortige Kirche führt den Beinamen »Die scheue Jungfrau«. Dalby und Mesinge sind die nächsten Stationen. Dann fahren Sie wieder nach Kerteminde, orientieren sich dort Richtung Ladbyschiff und Ulriksholm. Anschließend geht es über Rågelund und Åsum nach **Odense**. Der Abstecher nach Fyns Hoved ist ca. 40 km lang, von Kerteminde nach Odense sind es 23 km.

Odense ▶ Fåborg

Von Odense geht es nordwestlich Richtung Bogense. **Anderup** und **Allese** heißen die ersten Stationen, die Skamby Kirche ist wegen ihrer reichhaltigen Ausstattung bekannt. Von hier aus bietet sich ein Abstecher zum **Glavendrupstein** an. Er wurde um 900 für den Priester Alle errichtet und enthält Dänemarks längste Runeninschrift. Über Melby und Sandagergård erreichen Sie **Gyldensten**, ein schönes Gut von 1640 mit einem breiten Wallgraben. Nach ca. 35 km sind Sie in **Bogense**, wo man im Hafen pausieren kann.

30 km sind es auf der Weiterfahrt nach Middelfart. Bei Baring Mark und Varbjerg sind Sie der Küste wieder sehr nah, spektakulär ist sie bei **Røjle Klint**. Über Røjle kommen Sie hinein nach **Middelfart**.

Fahren Sie weiter 35 km südlich bis nach Assens. **Gamborg** ist ein ganz hübsches Dorf, bei **Føns** gibt es Bademöglichkeiten. **Gut Wedellsborg** (1706) besitzt einen herrlichen Park. Über Sandager und Tvingsbjerg geht es nach **Assens** hinein. Von dort aus radeln Sie über Saltofte nach Sønderby Klint, wunderschön am Wasser gelegen. Skårup und Strandby sind weitere Stationen. In der Umgebung von **Damsbo** hat man viele frühzeitliche Gräber entdecken können. Wenn Sie **Østerby** erreicht haben, können Sie noch einen Abstecher nach **Horne** machen, wo Fünens einzige Rundkirche steht. Ansonsten radeln Sie an Grubbe Mølle vorbei nach **Fåborg**. Dort können Sie den Hafen oder das Kunstmuseum besichtigen. Dieser Abschnitt ist ca. 40 km lang.

Bornholms Norden entdecken – Rundkirchen, Wasser und eine Burg

CHARAKTERISTIK: Landschaftlich reizvolle Radtour zu einigen der bekanntesten Sehenswürdigkeiten **DAUER:** Tagestour **LÄNGE:** 65 km **EINKEHRTIPPS:** Restaurant Le Port (▸ S. 117), Vang 81, Vang, Tel. 56 96 92 01, www.le-port.info, tgl. 12–21.30 Uhr €€€ • Hasle Røgeri (Heringsräucherei ▸ S. 117), Søndre Bæk 20, Hasle, www.hasleroegeri.dk, April–Mitte Juni 10–18, Mitte Juni–Mitte Aug. 10–21,

Mitte Aug.–Okt. 10–18 Uhr € • Imbiss und Café bei der Burgruine Hammershus, www.slotsgaardenscafe.dk, tgl. 10–18 Uhr €
KARTE ▸ KLAPPE HINTEN, a 4

Ausgangspunkt der Tour ist der Marktplatz in **Rønne**. Man verlässt ihn auf der Nørregade in nördlicher Richtung gen Hasle. Am Stadtrand zeigt ein Radwegeschild in Richtung Nyker und Rø, dem Sie folgen. Über sehr ebenes Terrain und jenseits der Landstraße erreichen Sie die Rundkirche in **Nyker**. Hier lohnt nicht nur ein Besuch der Kirche, sondern auch der angrenzenden Textilwerkstatt von Bente Hammer.

Entlang der Landstraße kommen Sie dann nach **Klemensker**. Ein Abschnitt, der relativ ungeschützt liegt. Insofern müssen Sie mit einigem Gegenwind rechnen. Vor Klemensker wartet zudem ein mäßiger, aber lang gezogener Anstieg auf Sie.

Klemensker ▸ Hammershus
Geradewegs durch den Ort durch und links auf den Radweg Richtung Rø. Nun beginnt ein landschaftlich überaus reizvoller Abschnitt der Fahrradtour. Sie radeln auf der ehemaligen Eisenbahnstrecke mitten durch eines der Spaltentäler, das das Eis auf seinem Rückzug gen Norden hier gebildet hat.

Nach einer ganzen Weile zweigt dann links der Radweg Richtung **Olsker** ab. Sie folgen ihm. Kurze, kräftige Steigungen warten auf Sie.

Achten Sie auf den Hinweis auf den Rokkesten, einen der mächtigen »Rüttelsteine«, ebenfalls eine Hinterlassenschaft der Eiszeit.

Sie radeln nun durch ein dicht bewaldetes Gebiet. Am Ende geht es dann in einer mächtigen Abfahrt und einer ebensolchen Steigung (12 %) zur **Olskirke**. Sie ist die höchste, kleinste und schlankeste der vier Bornholmer Rundkirchen und lohnt einen Zwischenstopp. Nach dem Besuch des Gotteshauses durchqueren Sie den Ort auf der Hauptstraße Richtung Allinge und Sandvig. Am Ortsausgang geht es auf Höhe eines Antikladens wieder links auf den Radweg Richtung Hammershus.

Sie kommen schließlich an die Landstraße Rønne–Allinge. Hier ist beim Überqueren höchste Vorsicht geboten. Es geht geradewegs über die Straße hin zur malerischen Burgruine **Hammershus** 🔟 .

Hammershus ▸ Rønne
Hammershus ist der Scheitelpunkt Ihrer Route. Eine längere Pause haben Sie sich sicherlich verdient, die Imbissbude zu Füßen der Festung bietet die Möglichkeit zur Stärkung. Wer über die Burg herrschte, die 74 m über dem Meer liegt, herrschte auch über Bornholm. Bei

gutem Wetter sehen Sie sogar bis nach Schweden.

Für die Rückfahrt orientieren Sie sich zunächst wieder in Richtung der Landstraße. Doch noch vor deren Erreichen geht es rechts auf den Radweg Richtung Vang und Rønne. Leider müssen Sie auf diesem Abschnitt den Weg mit Autos teilen. Der Weg führt dann zu **Jons Kapel**. Wer mag, lässt das Rad am Parkplatz stehen und marschiert zur »Kapelle des Mönchs«, einer wunderschönen Klippenformation der Westküste. Aber denken Sie daran, dass zahlreiche Treppenstufen zu erklimmen sind!

Weiter geht's. Bald wartet ein Gefälle von 22 % auf Sie. Mutproben sind hier fehl am Platze. Steigen Sie unbedingt ab! Denn wer hier die Kurve nicht kriegt, landet unweigerlich im Meer.

Unten angekommen, beginnt der vielleicht schönste Abschnitt. Unmittelbar am rauschenden Meer radeln Sie durch die Dörfer **Teglkås** und **Helligpeder**. Kurz vor dem Fischerstädtchen Hasle müssen Sie dann die vorletzte Steigung dieser Tour bewältigen.

Sie radeln auf der Hauptstraße durch **Hasle**. Wenn Sie eine Verschnaufpause möchten, dann statten Sie doch der alten Räucherei mit ihren markanten vier Schornsteinen einen Besuch ab, wo noch nach alter Tradition geräuchert wird. Dann weist Sie das Schild Richtung Jugendherberge. Entlang einer nicht so stark befahrenen Straße geht es Richtung Rønne. Eine letzte Steigung, durch den Wald hindurch, dann erreichen Sie die Landstraße und können in aller Ruhe nach Rønne, dem Ziel der Tour, hineinradeln.

Vier der insgesamt sieben dänischen Rundkirchen sind auf Bornholm zu finden. Die 1150 erbaute Olskirke (▶ S. 114) in Olsker ist die höchste und schlankeste.

Fahrradtaxi in Kopenhagen: Wen es
nicht stört, dass andere sich für ihn
abstrampeln müssen, wird diese Art
der Fortbewegung genießen.

Wissenswertes
über Dänemark

Nützliche Informationen für einen gelungenen
Aufenthalt: Fakten über Land, Leute und Geschichte
sowie Reisepraktisches von A bis Z.

Auf einen Blick

Mehr erfahren über Dänemark – Informationen über Land und Leute, von Bevölkerung über Politik und Sprache bis Wirtschaft.

AMTSSPRACHE: Dänisch
BEVÖLKERUNG: 90 % Dänen, 1 % Türken, 0,5 % Polen, 0,3 % Bosnier
EINWOHNER: 5,4 Mio.
FLÄCHE: 43 094 qkm
HAUPTSTADT: Kopenhagen, 519 000 Einwohner
HÖCHSTER BERG: Ejer Bavnehøj, 171 m
INTERNET: www.denmark.dk
NATIONALFEIERTAG: 5. Juni »Grundlovsdag« (Grundgesetz-Tag)
RELIGION: 80 % Protestanten, 3 % Muslime, 0,6 % Katholiken
STAATSFORM: Parlamentarische Monarchie

STAATSOBERHAUPT: Königin Margrethe II.
VERWALTUNG: 5 Regionen
WÄHRUNG: Dänische Krone

Bevölkerung

Dänemark hat 5,4 Millionen Einwohner, von denen 500 000 direkt in Kopenhagen wohnen, im Großraum sind es weitere knapp eine Million Einwohner. Der Ausländeranteil in Kopenhagen liegt bei 21 %. Größere Minderheiten stellen Menschen aus den übrigen skandinavischen Ländern und der Türkei; hauptsächlich im Süden des Landes lebt mit ca. 20 000 Mitgliedern eine deutsche Minderheit.

◄ Beliebt: Kopenhagens Fußgängerzone, der 2 km lange Strøget (▸ S. 48).

Politik

Wie alle skandinavischen Länder ist auch Dänemark ein traditionell sozialdemokratisches Land. Jahrzehnte trieben die Sozialdemokraten im engen Schulterschluss mit den Gewerkschaften den Ausbau des Wohlfahrtsstaates voran, sicherten den Arbeitnehmern weitgehende Rechte und knüpften ein enges soziales Netz. Da Dänemark ein Agrarland war, bildete die Opposition nicht eine bürgerliche Partei, sondern eine aus dem bäuerlichen Bereich. Die Venstre, also »Linke«, genannte Partei definiert sich selbst als rechtsliberal.

Erst in den 1980er-Jahren gelang den bürgerlichen Parteien die Regierungsübernahme, zumindest für elf Jahre. Und seit 2001 führt Venstre eine bürgerliche Minderheitsregierung, die sich von der fremdenfeindlichen Dansk Folkeparti tolerieren lässt. Europas strengste Zuwanderungsgesetze sind das Ergebnis.

Religion

Gute 92 % aller Dänen gehören der evangelisch-lutherischen Volkskirche an, gleichwohl ist die Zahl der regelmäßigen Kirchgänger niedrig. Neben religiösen Minderheiten wie Katholiken, Methodisten oder Juden finden auch verschiedenste Sekten hier sporadischen Zuspruch.

Sprache

Das Dänische hört sich komplizierter an, als es sich liest. Wer das Plattdeutsche oder auch das Niederländische kennt, wird etliche Verwandtschaften erkennen. Natürlich gibt es im Land selbst auch genug Dialekte. Ein westjütischer Fischer spricht ein deutlich anderes Dänisch als ein Bauer auf Bornholm oder ein Angestellter in Kopenhagen. Da gibt es Einflüsse aus dem Englischen und Schwedischen, in Südjütland insbesondere aus dem Deutschen, das in Südjütland sogar als Minderheitensprache anerkannt ist.

Das Dänische kennt übrigens kein »x« mehr, sondern hat es durch »ks« ersetzt, wenngleich es noch historische Schreibweisen gibt. Am Ende des Alphabets stehen die Buchstaben Æ/æ, Ø/ø und Å/å.

Wirtschaft

Vielfach besteht noch der Glaube, Dänemarks wirtschaftliche Säulen wären Fischerei und Landwirtschaft. Doch beide Erwerbszweige haben mittlerweile an Bedeutung verloren. Die dänischen Fischer spüren die Billigimporte aus Norwegen und Osteuropa. Fingen die Dänen noch vor 15 Jahren knapp 2 Milliarden kg Fisch, so sind es heute weniger als 1,5 Milliarden. Besonders dramatisch ist der Einbruch beim Dorsch gewesen. Die auch bei uns bekannte Krise der Landwirtschaft ist in Dänemark ebenso spürbar. Nur 5 % aller Dänen arbeiten in der Landwirtschaft, vor 15 Jahren waren es noch 8 %.

Bedeutendste Wirtschaftszweige sind die Industrie und die staatlichen Dienstleistungen. Weitere wichtige Erwerbszweige sind das Transport- und Kommunikationswesen sowie der Tourismus. Die deutlichsten Zuwächse bei den Beschäftigten hat es in den letzten Jahren im Finanzbereich sowie im Gesundheits- und Sozialwesen gegeben.

Geschichte

826–865

Ende der Wikingerzeit, Ansgar christianisiert Skandinavien.

900–940

Bau des »Danewerks«, ein Schutzwall quer durch das heutige Schleswig-Holstein.

986–1014

König Sven Gabelbart erobert Norddeutschland und England.

1157–1183

In der Regierungszeit von Waldemar dem Großen wird Kopenhagen 1167 gegründet.

1397

Durch die Kalmarer Union kann Königin Margarete (1353–1412) Dänemark, Schweden und Norwegen vereinigen.

1460

Schleswig und Holstein kommen zu Dänemark.

1523

Schweden verlässt die Kalmarer Union.

1534–1536

Bürgerkrieg. Der wegen des Ausscheidens der Schweden aus der Kalmarer Union abgesetzte König Christian II. soll wieder inthronisiert und gleichzeitig der Katholizismus wieder gestärkt werden.

1536

Christian III. setzt die Reformation in Dänemark durch und gründet die lutherische Staatskirche.

1658

Nach langjährigen Kriegen verliert Dänemark schließlich die Provinzen Skåne, Halland und Blekinge an Schweden.

1660

Einführung der absoluten und erblichen Monarchie.

1700–1721

Großer Nordischer Krieg um die Ostseeherrschaft.

1702

Die Leibeigenschaft der dänischen Bauern wird gelockert.

1773

Vereinigung von Dänemark, Schleswig und Holstein.

1766–1808

Regentschaft von König Christian VII. Großer deutscher Einfluss am Hof, besonders durch den königlichen Leibarzt Struensee.

1778

Bauernbefreiung.

1801–1807

Dänemark nimmt an der Seite Frankreichs an der Kontinentalsperre teil. Die Engländer zerstören die dänische Flotte und setzen Kopenhagen in Brand.

1813

Dänemark ist bankrott.

1814

Dänemark verliert Norwegen und Helgoland durch den Kieler Frieden.

1848

Deutsch-dänischer Krieg um Schleswig und Holstein, der 1850 mit dem Sieg der Dänen bei Idsted endet.

1849

Einführung des Grundgesetzes, der Verfassung und Bildung des Reichstages.

1864

Krieg zwischen Dänemark und Preußen sowie Österreich. Dänemark verliert Schleswig und Holstein.

1915

Allgemeines und gleiches Wahlrecht sowie Frauenwahlrecht.

1918

Island wird formal selbstständig, der dänische König bleibt allerdings isländisches Staatsoberhaupt.

1920

In einer Volksabstimmung im Zuge der deutschen Niederlage im Ersten Weltkrieg fällt der Nordteil von Schleswig wieder an Dänemark.

1924

Erstmals stellen die Sozialdemokraten die Regierung.

1940 –1945

Das Deutsche Reich besetzt Dänemark.

1944

Island trennt sich endgültig von Dänemark.

1949

Dänemark gehört zu den Gründungsmitgliedern der NATO.

1972

Königin Margrethe II. folgt ihrem Vater Frederik IX. auf den Thron.

1973

Dänemark tritt nach vielen Vorbehalten des Volks der EG bei.

1979

Grönland wird teilselbstständig.

1989

Die Ehe zwischen gleichgeschlechtlichen Partnern wird legalisiert.

1992

Die Dänen lehnen in einer Volksabstimmung die Maastrichter EU-Verträge ab.

1993

In einer zweiten Abstimmung entscheiden sich die Dänen für die Maastrichter Verträge.

2000

Die Tunnel-/Brückenverbindung nach Malmö in Schweden wird eröffnet.
In einer Volksabstimmung wird die Einführung des Euro abgelehnt.

2004

Kronprinz Frederik heiratet die aus Tasmanien stammende Mary Donaldson.

2005

Der Thronfolger wird am 15. Oktober geboren.

2011

Trotz des Schengener Abkommens führt Dänemark an den Grenzübergängen nach Deutschland und Schweden wieder Kontrollen ein.

Sprachführer Dänisch

Wichtige Wörter und Ausdrücke

Ja – ja

Nein – nej

Verzeihung, bitte – undskyld

Bitte – værs' go

Keine Ursache – ingen årsag

Vielen Dank – mange tak

Das ist nett danke – det er fint, tak

Wie bitte – Hvad behager?

Das tut mir Leid – det gøer migondt

Ich heiße … – mit navn er …

Hilfe – hjælp

Guten Morgen – god morgen

Guten Tag – god dag

Guten Abend – god aften

Ich möchte … – jeg vil gerne …

Gibt es …? – Er der …?

Wann? – hvornår?

Wie lange? – hvor længe?

Wie viel? – hvor meget?

Wo? – hvor?

Wo ist/sind? – Hvor er …?

Was? – hvad?

Können Sie mir bitte sagen, wo … ist? – Vil de være venlig at sige mig, hvor … er?

Wie geht es Ihnen (dir)? – Hvordan har de (du) det?

Danke, gut – godt tak

Woher kommen Sie (du)? – Hvor kommer de (du) fra?

Wann treffen wir uns? – Hvornår kan vi ses?

Was heißt … auf Dänisch? – Hvad hedder … på dansk?

Wie geht es Ihnen? – Hvordan har dedet?

Danke. Und Ihnen (dir)? – Godt tak. Hvad med dem (dig)?

Ich komme aus … – Jeg kommer fra …

Wie lange bleiben Sie? – Hvor længe bliver du?

Auf Wiedersehen! – Farvel!

Bis bald! – vi ses!

Alles Gute! – hav' det godt!

Gute Reise! – god rejse!

morgen – i morgen

gestern – i går

heute – i dag

abends – om aften

gegen Mittag – henimod middag

am Wochenende – i weekenden

Zahlen

eins – en

zwei – to

drei – tre

vier – fire

fünf – fem

sechs – seks

sieben – syr

acht – otte

neun – ni

zehn – ti

einhundert – hundrede

eintausend – tusinde

Wochentage

Montag – mandag

Dienstag – tirsdag

Mittwoch – onsdag

Donnerstag – torsdag

Freitag – fredag

Samstag – lørdag

Sonntag – søndag

Essen und Trinken

Wo gibt es ein gutes Restaurant? – Hvor er der en god restaurant?

Reservieren Sie uns bitte für heute Abend einen Tisch für zwei Personen – Vil de være venlig at reservere et bord til i aften til to personer.

Ist dieser Tisch noch frei? – Er dette bord ledigt?

Wo sind die Toiletten bitte? – Hvor er toiletterne?

Haben Sie vegetarische Gerichte? – Har de vegetariske retter?

Was möchten Sie bitte? – Hvad ønsker de?

Ich nehme … – jeg tager …

Was wollen Sie trinken? – Hvad ønsker de at drikke?

Bitte ein Glas/eine Flasche … – Et glas/et flaske…, tak

Haben Sie noch einen Wunsch? – Ellers andet?

Bezahlen bitte – Jeg vil gerne betale

Es stimmt so – Det passer

Hat es geschmeckt? – Smagte det godt?

Das Essen war ausgezeichnet – Maden var udmærket

Übernachten

Haben Sie noch Zimmer frei? – Har de ledige værelser?

Können Sie mir bitte ein gutes Hotel empfehlen? – Kunne de anbefale mig et godt hotel?

Gibt es hier eine Jugendherberge/einen Campingplatz? – Er der et vandrerhjem/en campingplads her?

Was kostet das Zimmer mit Frühstück/Halbpension/Vollpension? – Hvad koster værelset med morgenmad/halvpension/helpension?

Zum Frühstück nehme ich … – Til morgenmad tager jeg …

Ich reise morgen um … ab – Jeg rejser i morgen klokken …

Wo kann ich meinen Wohnwagen aufstellen? – Hvor må jeg stille min campingvogn?

Unterwegs

Können Sie mir sagen, wie ich nach … – komme? – Kan de sige mig, hvordan jeg kommer til …?

Wie weit ist es nach …? – Hvor langt er det til …?

Wo ist bitte die nächste Tankstelle? – Undskyld, hvor er den nærmeste tankstation?

Sie sind hier falsch – De er kørt forkert

Sie müssen zurückfahren bis … – de må tilbage til …

Können Sie mir die Strecke auf der Karte zeigen? – Undskyld, vil de vise mig stræk ningen på kortet?

Wo ist die nächste Werkstatt? – Hvor er der et værksted?

Zweimal … hin und zurück, bitte – To tur-retur …tak

Einen Fensterplatz – en vindues-plads

Hat der Zug aus … Verspätung? – Er toget fra …forsinket?

Können Sie mir bitte helfen? – Undskyld, kan de hjælpe mig?

Wetter

Wie wird das Wetter heute? – Hvordan bliver vejret i dag?

Wir bekommen … Wetter – Vi får…vejr

…schönes – …smukt

…schlechtes – …dårligt

…unbeständiges – …ustadigt

Es wird wärmer/kälter – Det bliver varmere/koldere

Es soll regnen/schneien – Det bliver regnvejr/snevejr

Es zieht ein Gewitter auf – Det bliver tordenvejr

Wir bekommen Sturm – Vi får storm

Die Sonne scheint – Solen skinner

Wie viel Grad haben wir heute? – Hvor mange grader er det i dag?

Es hat 22 Grad – Det er 22 grader

Kulinarisches Lexikon

A

aborre – Barsch
agerhøne – Rebhuhn
agurk – Gurke
and – Ente
appelsin – Apfelsine
asparges – Spargel

B

biksemad – Resteessen aus Fleisch
  und Kartoffeln
birkes – Mohnbrötchen
bitter – Magenbitter
blomkål – Blumenkohl
blomme – Pflaume
blæksprutte – Tintenfisch
blåmuslinger – Miesmuscheln
bøf – Beefsteak
bønne – Bohne

C/D

cacaomælk – Trinkschokolade
dagens ret – Tagesgericht
dansk vand – Mineralwasser
dild – Dill
drue – Traube
due – Taube

E/F

eddike – Essig
engelsk bøf – Rumpsteak
fersken – Pfirsich
ferskvandsfisk – Süßwasserfisch
figen – Feige
fjærkræ – Geflügel
flæskesteg – Schweinebraten
fløde – Sahne
forret – Vorspeise
franskbrød – Weißbrot
frikadeller – Frikadellen
frokost – Mittagessen
frugt – Obst
fuldkornbrød – Vollkornbrot
får – Schaf

G

gammel dansk – Magenbitter
gedde – Hecht
grønsager – Gemüse
grøn peberfrugt – grüner Paprika
gulerod – Möhre, Wurzel
gåsebryst – Gänsebrust

H

hakket kød – Hackfleisch
hamburgerryg – Kassler
hare – Hase
havørred – Meerforelle
helleflynder – Heilbutt
hindbær – Himbeere
honning – Honig
hornfisk – Hornhecht
hovedret – Hauptgericht
hvidløg – Knoblauch
hvidkål – Weißkohl
hvidvin – Weißwein
hvid øl – Malzbier
hyben – Hagebutte
hønsebouillon – Hühnerbrühe

I/J

is – Eis
jordbær – Erdbeere

K

kage – Kuchen
kalkun – Truthahn
kanel – Zimt
kanelstang – Zimtkuchen
kanin – Kaninchen
kantarel – Pfifferling
karpe – Karpfen
karry – Curry
kartofler – Kartoffeln
kirsebær – Kirsche
klipfisk – Stockfisch
krydderier – Kräuter
kullen – Schellfisch
kulmule – Seehecht

kylling – Hähnchen
kærnemælk – Buttermilch
kød – Fleisch

L
laks – Lachs
lammekød – Lammfleisch
letmælk – fettarme Milch
letøl – Leichtbier
lever – Leber
leverpostej – Leberpastete
løg – Zwiebel

M
makrel – Makrele
morgenmad – Frühstück
middag – Abendessen
musling – Muschel
mørbrad – Schweinefilet

O
oksekød – Rindfleisch
ost – Käse
othellobolle – Mohrenkopf

P/Q
peberfrugt – Paprika
peberrod – Meerrettich
piskefløde – Schlagsahne
purløg – Schnittlauch
pære – Birne
pølser – Würstchen
pålæg – Aufschnitt

R
regnbueørred – Regenbogenforelle
rejer – Krabben
risted – gebraten
rosenkål – Rosenkohl
rugbrød – Roggenbrot
rundstykke – Brötchen
rødbeder – Rote Beete
rødfisk – Rotbarsch
rødkål – Rotkohl
rødspætte – Scholle
rødvin – Rotwein

røget – geräuchert
røræg – Rührei

S
salt – Salz
sandart – Zander
sennep – Senf
sild – Hering
skalle – Rotauge
skinke – Schinken
skorzonerrod – Schwarzwurzel
skrubbe – Flunder
skummetmælk – entrahmte Milch
slik – Süßigkeiten
smør – Butter
smørrebrød – belegtes Butterbrot
snaps – Schnaps
spegepølse – Salami
stegt – gebraten
struds – Strauß
sur – sauer
svampe – Pilze
svinekød – Schweinefleisch
sød – süß
sødmælk – normale Milch

T/U/V
torsk – Dorsch
tun – Thunfisch
tykmælk – Dickmilch
vand – Wasser
vildt – Wild

W/Y/Z
wienerbrød – Kopenhagener
  (Blätterteigkuchen)
yogurth – Joghurt

Æ/Ø
æble – Apfel
æg – Eier
ærter – Erbsen
øl – Bier
ørred – Forelle
østers – Austern

Reisepraktisches von A–Z

ANREISE

MIT DEM AUTO

Die wohl bekannteste Verbindung ist die zwischen Puttgarden (Fehmarn) und Rødby (Lolland). Im Sommer fahren die Fähren fast alle 15 Min., im Winter alle 30 Min., Fahrtdauer 45 Min. Für die Sommerwochenenden empfiehlt sich unbedingt eine rechtzeitige Reservierung.

Die Autobahn führt hinauf bis nach Helsingør. Für aus Westdeutschland Reisende nach Lolland, Falster, Møn und Seeland ist dies sicherlich der ideale Weg, um an ihr Urlaubsziel zu kommen.

Alternativ kann man über die A 7 an Flensburg vorbei bis Kolding fahren und dort auf die E 20 Richtung Odense wechseln. Weiter geht es gegebenenfalls dann über die Brücke über den Großen Belt nach Seeland.

Eine weitere Möglichkeit ist eine Autofahrt auf der A 7 bis kurz hinter die Grenze, dort ostwärts auf der Straße 8 an Kruså und Sønderborg vorbei nach Fynshav und mit der Fähre nach Bøjden (eine knappe Stunde). Von dort geht es dann auch Richtung Storebæltsbro.

Wer aus Ostdeutschland kommt, kann als Alternative zu Puttgarden–Rødby auch mit der Fähre von Rostock nach Gedser (Falster) fahren, die E 55 führt, abgesehen vom ersten Teilstück, ebenfalls als Autobahn nach Helsingør.

Wer nach Jütland will, nimmt die A 7 nach Flensburg hinauf. Will man an die Westküste, empfiehlt es sich, bis Kolding zu fahren und dort dann die E 20 Richtung Esbjerg zu wählen.

Alternativ kann man von Hamburg aus auf der A 23 Richtung Itzehoe und Heide fahren, wo dann aber bald mit der Autobahn Schluss ist und es dann auf der Bundesstraße gen Norden geht. Sie überqueren die Grenze dann südlich von Tønder.

MIT DEM SCHIFF

Wie schon erwähnt, nimmt man aus Westdeutschland kommend die Vogelfluglinie ab Puttgarden, sofern man ins östliche Dänemark will. Von Ostdeutschland aus wählt man die Verbindung Rostock–Gedser.

Nach Bornholm kann man von Sassnitz (Rügen) direkt nach Rønne reisen. Alternativ fährt man über die Vogelfluglinie oder Rostock–Gedser sowie die Øresundbrücke (Kopenhagen–Malmö) ins südschwedische Ystad. Von dort legen die Fähren nach Rønne ab. Sie können allerdings auch von Travemünde oder Rostock mit dem Schiff ins südschwedische Trelleborg fahren und von dort weiter nach Ystad. Die reine Autofahrzeit von Trelleborg nach Ystad beträgt eine knappe Stunde.

MIT DEM ZUG

Sie können mit der Eisenbahn über Hamburg und Flensburg ins jütische Fredericia fahren. Von dort aus geht es dann entweder weiter nördlich oder nach Osten auf die Insel Fünen beziehungsweise nach Kopenhagen. Direkt nach Kopenhagen können Sie auch mit der Bahn über Hamburg, Lübeck, Puttgarden und Rødby fahren. Die Fahrzeit von Lübeck beträgt ca. 4 Std.

Von Kopenhagen startet auch ein Zug bis zum Fähranleger im südschwedischen Ystad, von wo die Fähren Richtung Bornholm ablegen.

MIT DEM FLUGZEUG

Knotenpunkt des dänischen Flugroutensystems ist Kopenhagen. Von dort gibt es Anschlussflüge nach Jütland und auf die meisten Inseln. Kopenhagen wird von Berlin, Düsseldorf, Frankfurt, Hamburg, Hannover und München ohne Zwischenstopp angeflogen. Wer direkt nach Jütland möchte, kann auch von Frankfurt nach Billund fliegen. Dank des Billigflieger-Booms wechseln die Verbindungen aber ständig. Auf www.atmosfair.de und www.myclimate.org kann jeder Reisende durch eine Spende für Klimaschutzprojekte für die CO_2-Emission seines Fluges aufkommen.

MIT DEM FAHRRAD

Problemlos ist die Überfahrt von Rostock nach Gedser. Sowie von Puttgarden nach Rødby. Allerdings ist die Anfahrt nach Puttgarden nicht sonderlich schön, da die Strecke den Fahrradfahrern weder Schutz vor dem manchmal wahrlich stürmischen Wind noch vor den unzähligen Autos bietet.

AUSKUNFT

IN DEUTSCHLAND, ÖSTERREICH UND DER SCHWEIZ

VisitDenmark

Glockengießerwall 2 • 20095 Hamburg • Tel. 0 18 05/32 64 63 • www.visitdenmark.dk

BUCHTIPPS

Hans Christian Andersen: Märchen Es gibt sie in ganz verschiedenen Ausgaben, empfehlenswert sind auch die **Biografien** von **Erling Nielsen** (Rowohlt), **Gisela Perlet** (Suhrkamp, 2005) und **Jens Andersen** (Insel, 2005).

Jens Peter Jacobsen: Frau Maria Grubbe, Niels Lyhne. Jacobsen verfasste Ende des 19. Jh. sogenannte Desillusionsromane, deren Hauptpersonen nach Höherem streben, in der Desillusionierung aber zu ihrem tatsächlichen Ich finden.

Hermann Bang: Das weiße Haus, Das schwarze Haus Auch dieser Autor, der wie Jacobsen zu den dänischen Klassikern zählt, stellte in seinen Romanen kritische Gesellschaftsbetrachtungen an, mit höchster psychologischer Beobachtungsgabe. Beide Bücher sind derzeit aber nur antiquarisch erhältlich.

Theodor Fontane: Im Paris des Nordens (Aufbau, 2001) In unkonventionellen und unterhaltsamen Betrachtungen schildert der deutsche Schriftsteller seinen Kopenhagenbesuch von 1864.

Thomas Mann: Tonio Kröger (Fischer, 2003) Thomas Mann hingegen lässt in dieser Erzählung seinen Protagonisten, der unverkennbar autobiografische Züge trägt, nach Kopenhagen reisen.

Ulrich Sonnenberg: Hans Christian Andersens Kopenhagen (Schöffling, 1996). Wer auf den Spuren des großen dänischen Dichters wandeln möchte, dem sei dieses Buch, das Reiseführer und Lesebuch zugleich ist, empfohlen.

Sven H. Rossel, Alexander Sitzmann: Kopenhagen (Wieser, 2003). Eine schön zusammengestellte Auswahl, in der bekannte Dänen wie Ludvig Holberg und Tove Ditlevsen ebenso zu Wort kommen wie ausländische Autoren, darunter Julien Green und Erich Kästner.

Martin Andersen Nexø: Bornholmer Novellen (Aufbau, 2004) Die Erzählungen des Autors, der seine

Kindheit auf Bornholm verbracht hatte und die Insel und deren Bewohner wie kein anderer kannte, sind noch heute absolut lesenswert. **Peter Høeg: Fräulein Smillas Gespür für Schnee** (Rowohlt, 2004) Einer der großen dänischen Krimis. Protagonistin ist die junge, in Kopenhagen lebende Grönländerin Smilla, die daran zweifelt, dass der Sturz eines neunjährigen Jungen vom Dach eines Hauses ein Unfall war. Weitere **Kriminalromane** ▶ Im Fokus, S. 102

DIPLOMATISCHE VERTRETUNGEN

Deutsche Botschaft   ▶ S. 39, d 1

Stockholmsgade 57, 2100 Kopenhagen • Tel. 35 45 99 00

Österreichische Botschaft
▶ S. 39, nördl. f 1

Sølundsvej 1, 2100 Kopenhagen • Tel. 39 29 41 41

Schweizerische Botschaft in Stockholm

Valhallavägen 64, 10041 Stockholm, Schweden • Tel. 00 46 86 76 79 00

FEIERTAGE

1. Januar Neujahr
Gründonnerstag
Karfreitag
Ostermontag
Großer Bettag (vierter Freitag nach Ostern)
1. Mai
Christi Himmelfahrt
Pfingstmontag
5. Juni Verfassungstag
25. und 26. Dezember

FKK

Jeder muss selbst wissen, was er seinen Mitmenschen zumutet, scheint das Motto der Dänen zu sein. Es gibt keine Vorgaben und Kontrollen, wo nackt gebadet werden darf und wo nicht. Nacktbaden ist ebenso selbstverständlich wie das Sonnen in Textilien, es wird kaum Aufhebens um dieses Thema gemacht.

GELD

10 DKK	1,34 €	/2,04 SFr
1 €	7,44 DKK	
1 SFr	4,91 DKK	

Eine Krone – 100 Øre. Münzen gibt es als 50 Øre sowie 1, 2, 5, 10 und 20 Kronen (DKK). Scheine als 50, 100, 200, 500 und 1000 Kronen. Die 25 Øre-Münze wurde zum 1. Oktober 2008 abgeschafft, sollten Sie noch welche besitzen, können Sie diese aber in jeder Bank wechseln. Leicht zu verwechseln sind die 10- und die 20-Kronen-Münzen, da sie farblich einander ähnlich und auf den ersten Blick nur durch die Größe voneinander zu unterscheiden sind. Beträge zwischen einer und 49 Øre werden ab- bzw. aufgerundet.

An Geldautomaten mit der Aufschrift »Kontanten« können Sie Bargeld mit Kreditkarten und Euroscheckkarten abheben.

Kreditkarten werden fast durchgehend akzeptiert. Bitte beachten Sie dazu die Angaben in diesem Reiseführer. Vorsicht ist bei freien Wechselstuben, wie etwa in der Kopenhagener Fußgängerzone, geboten, da hier eine horrende Umtauschgebühr verlangt wird.

INTERNET

www.visitdenmark.dk
Homepage der dänischen Tourismuszentrale mit vielen hilfreichen In-

formationen und Routenvorschlägen sowie Hotelbuchungsmöglichkeit.
www.visitcopenhagen.dk
Offizielle Website zu Kopenhagen und der Umgebung.
www.webcams-daenemark.de
Sammelt Links zu vielen Webcams im ganzen Land
www.dansk-shop.de
Für alle, die auch nach ihrem Urlaub nicht auf dänische Produkte verzichten wollen
www.dsb.dk
Informationen zu Zugverbindungen.

KLEIDUNG

Norddeutsch sollte sie sein, die Reisekleidung. Die Badehose gehört ebenso dazu wie das Regenzeug, Sie sollten auf Sonne, Böen und Regen eingestellt sein. Egal, was Sie einpacken, auf keinen Fall darf selbst im Sommer der dicke Pullover für die lauschige nordische Nacht fehlen.

MEDIZINISCHE VERSORGUNG
KRANKENVERSICHERUNG

Die Vorlage einer Europäischen Krankenversicherungskarte (EHIC) ist ausreichend. Für Medikamente ist jedoch oftmals ein hoher Eigenanteil zu entrichten. Als zusätzlicher Versicherungsschutz empfiehlt sich der Abschluss einer Auslandskrankenversicherung, da diese Krankenrücktransporte mitversichert.

KRANKENHAUS

Krankenhaus heißt »Sygehus« auf Dänisch; Krankenhäuser befinden sich in Kopenhagen und in den großen Städten.

APOTHEKEN

Apotheken sind in der Regel von 9.30–18 Uhr geöffnet.

NEBENKOSTEN

1 Tasse Kaffee	3,22 €
1 Bier (Liter)	12,07 €
1 Cola (Dose)	1,05 €
1 Brot (Weißbrot)	2,30 €
1 Schachtel Marlboro	4,03 €
1 Liter Benzin	1,14 €
Fahrt mit öffentl. Verkehrsmitteln (Einzelfahrt)	1,65 €
Mietwagen/Tag	ab 120,35 €

NOTRUF

Euronotruf Tel. 112
(Polizei, Feuerwehr, Rettungsdienst)

POST

Die Briefkästen in Dänemark sind rot. Briefmarken erhält man in den Postämtern, die in der Regel Mo–Fr 9.30–17, Sa 9.30–12 Uhr geöffnet sind. Eine Postkarte nach Deutschland, Österreich und in die Schweiz kostet 7,75 DKK, für 8,50 DKK wird sie schneller transportiert.

REISEDOKUMENTE

Deutsche, Österreicher und Schweizer können mit einem gültigen Reisepass oder Personalausweis (Identitätskarte) einreisen. Kinder unter 16 Jahren müssen im Pass eines Elternteils eingetragen sein oder benötigen einen Kinderausweis.

REISEKNIGGE

Bis auf das Königshaus und einige wenige andere Persönlichkeiten werden in Dänemark alle geduzt. Doch verwechseln Sie bitte diese Anredeform nicht mit Respektlosigkeit – Höflichkeit ist immer angesagt. Herrisches oder prahlerisches Auftreten befremdet. Gerade wenn es von Deutschen kommt. Zwar trifft man heute nur noch selten auf Ressentiments wegen der Besetzung des Landes im Zweiten Weltkrieg. Aber die Großmacht im Süden mit ihren über 80 Millionen Einwohnern wird von den 5 Millionen Dänen mit Skepsis betrachtet. Zudem gilt in Dänemark das »Jantelov«, eine Art stille Übereinkunft, die in etwa bedeutet: »Glaube ja nicht, dass du etwas Besonderes bist.« Man soll sich also nicht über andere erheben, etwa durch Statussymbole.

Deutsche gelten bei den Dänen als pflichtbewusst, pünktlich und genau. Und entsprechen damit nicht dem etwas lässigeren und gelasseneren Lebensgefühl der Dänen.

Werden Sie von Dänen eingeladen, beenden Sie die Mahlzeit mit »Tak for mad« (»Danke für das Essen«). Wenn Sie Ihre Gastgeber das nächste Mal sehen oder sprechen, bedanken Sie sich für die Einladung nochmals mit »Tak for sidst« (»Danke für letztens«).

In Cafés und Kneipen müssen Sie selbst direkt am Tresen bestellen. Getränke nehmen Sie gleich mit, Mahlzeiten werden eventuell an den Tisch gebracht, zuweilen aber auch nur auf den Tresen gestellt und ausgerufen. In Restaurants wird am Tisch bedient. **Trinkgeld** ist nicht üblich und wird nur in Ausnahmefällen und für außerordentliche Leistungen gezahlt.

REISEWETTER

Natürlich ist das dänische Wetter gewohnt mitteleuropäisch, man sollte sich allerdings darauf einstellen, dass es hier etwas windiger zugeht. Wenn die Temperaturen im Sommer die 20 Grad überschreiten, kann das allerdings ganz angenehm sein.

Von Mitte Juni bis ca. 10. August hat Dänemark alljährlich seine großen Ferien. Kombiniert mit dem Ansturm aus Norwegen, Schweden und den deutschsprachigen Ländern, ist das kleine Land dann entsprechend voll. Wer folglich nicht auf die Schulferien angewiesen ist, sollte einen Urlaub im Monat Mai oder, besonders schön, im September ins Auge fassen. Die Temperaturen sind dann nicht viel niedriger, und Sie haben mehr Platz für sich. Ab Oktober sinken die Temperaturen jedoch deutlich.

Insgesamt zeigt sich das dänische Wetter, insbesondere an der jütischen Westküste, durch das ozeanische Klima nicht sehr stabil. Ist der Morgen noch wolkenverhangen, so kann die Decke um 10 Uhr plötzlich aufreißen, und es beginnt ein Tag voller Sonne.

TELEFON

VORWAHLEN

DK ▸ Deutschland 00 49
DK ▸ Österreich 00 43
DK ▸ Schweiz 00 41
D, A, CH ▸ Dänemark 00 45

Auch in Dänemark gibt es neben den Münzapparaten Kartentelefone. Karten erhalten Sie u. a. bei der Post, teilweise auch bei den lokalen Fremdenverkehrsbüros, auf dem Campingplatz etc. Mobiltelefone funktionieren überall problemlos. Bei den achtstelligen dänischen Telefonnummern definieren die ersten beiden Ziffern die Ortsvorwahl.

TIERE

Hunde und Katzen benötigen zur Einreise einen EU-Heimtierausweis (stellt der Tierarzt aus) mit Nach-

Mittelwerte	JAN	FEB	MÄR	APR	MAI	JUN	JUL	AUG	SEP	OKT	NOV	DEZ
Tages-temperatur	2	2	5	10	16	20	22	21	17	12	7	4
Nacht-temperatur	-2	-2	1	3	7	11	13	13	13	7	3	1
Sonnen-stunden	1	2	4	6	8	8	8	6	6	3	1	1
Regentage pro Monat	11	9	7	9	7	9	10	10	10	10	10	11
Wasser-temperatur	3	2	3	5	9	14	16	16	14	12	8	5

weis einer Tollwutimpfung. Das Tier muss durch einen Mikrochip identifizierbar sein. Für Ausflüge nach Norwegen oder Schweden müssen Sie bedenken, dass das Einreiseverfahren derart kompliziert ist, dass der Besuch nahezu unmöglich ist.

VERKEHR

Auf Autobahnen dürfen Geschwindigkeiten bis 130 km/h gefahren werden, dort, wo der Verkehr besonders dicht ist oder sein könnte, aber nur 110 km/h. Außerhalb von Ortschaften gelten 80 km/h, in Ortschaften 50 km/h. Wagen mit Anhängern dürfen auf Autobahnen 70 km/h fahren. Die Geldbußen sind recht saftig und müssen sofort bezahlt werden. Andernfalls wird der Wagen in Verwahrung genommen. Tagsüber müssen Sie das Abblendlicht einschalten. Es besteht Gurtpflicht. Die Promillegrenze liegt bei 0,5 %.

MIT DEM AUTO

Ein Blick auf die Landkarte lässt erkennen, dass es in Dänemark nur wenige Autobahnen gibt. Die E 45, mittlerweile durchgehend als Autobahn ausgebaut, führt die jütische Ostküste hinauf. Die E 47 führt von Rødby nach Kopenhagen und Helsingør. Die E 20 schließlich verbindet das westjütische Esbjerg über Fünen mit Kopenhagen.

Aber weshalb sollte dieses Land auch mehr Autobahnen benötigen? Schließlich leben gut 1,5 der fünf Millionen Einwohner im Großraum Kopenhagen. Abgesehen von Metropolen wie Odense, Århus und Aalborg ist der Verkehr im restlichen, ländlich geprägten Dänemark auch gering. Mit den hervorragend ausgebauten Landstraßen lässt sich somit auch problemlos und in aller Ruhe vorankommen. Denn eines ist den Dänen ohnehin fremd – Hektik.

Die **Margeritenroute** ist eine ausgeschilderte Route (Markierung: Blume auf braunem Untergrund) quer durch das Land, die die schönsten Landstriche und die größten Sehenswürdigkeiten miteinander verbindet. Die Strecke führt zumeist über kleine Landstraßen. Es hat durchaus seine Reize, das Land auf diese Weise kennenzulernen, man muss allerdings tagtäglich nach einer neuen Unterkunft suchen und sollte, wegen der Überlandstraßen, viel Zeit einplanen. Eine beschauliche Art, Land und Leute zu »erfahren«, auf Wegen, die man sonst nicht befahren hätte.

MIT DEM FAHRRAD

Neben den Niederlanden ist Dänemark mit über 12 000 beschilderten Fahrradwegen sicherlich das europäische Radlerparadies. Die Kommunen haben ihre Radwege wunderschön ausgebaut, durch Wälder oder entlang alter Bahntrassen gelegt oder aber Strecken ausgewiesen, die größtenteils über Dorfstraßen führen. Daneben gibt es noch neun nationale Radrouten. So bleiben Radfahrer weitgehend vom lärmenden und manchmal auch gefährlichen Autoverkehr verschont.

Eine erste Orientierung über die Radwege bietet die Radwanderkarte des Dänischen Radfahrerverbandes DCF im Maßstab 1:510 000. Zum Radeln selbst eignen sich am besten entweder die topografischen Karten im Maßstab 1:100 000 oder jene speziellen Radkarten, die die Kommunen, in Dänemark als Amt bezeichnet, teilweise veröffentlicht haben (»Cykelkort« oder »Cykelruter i …«). Auch deren Maßstab beträgt überwiegend 1:100 000.

Ein Vorurteil sollten Radfahrer allerdings gleich vergessen: dass Dänemark ein flaches Land sei. Dies trifft sicherlich für Lolland und Falster zu. Doch schon Møn, sicherlich Langeland und Fünen sowie Seeland fordern dem Radler mit ihren Steigungen mehr ab. Auch die jütische Ostküste besitzt so ihre Herausforderungen. An der Westküste machen den Radfahrern weniger die Höhenunterschiede als vielmehr der Wind zu schaffen. Insgesamt genießen Radfahrer in Dänemark auch mehr Beachtung als etwa in Deutschland. Man nimmt mehr Rücksicht auf sie. Vorsicht ist dennoch allzeit geboten.

MIT DEM ZUG

Das dänische Zugnetz ist hervorragend ausgebaut, die Züge selbst sind äußerst komfortabel. Die Dänische Staatsbahn (DSB) unterscheidet zwischen Regional- und Interregionalzügen. Ergänzt wird das Bahnsystem durch einige kleinere Privatbahnen und ein gutes Busnetz.

Die bei uns als »2. Klasse« bezeichnete Kategorie heißt dort »Standard«, die »1. Klasse« in Regionalzügen »DSB 1«. Eine Platzkarte ist teilweise für den Zug nach Bornholm vorgeschrieben, ansonsten aber nicht. Sie empfiehlt sich allerdings, da die Züge sehr gerne genutzt werden. In der ersten Klasse brauchen Sie die Platzkarte nicht, sondern besitzen eine Sitzplatzgarantie.

MIT DEM SCHIFF

Knapp 80 innerdänische Fährverbindungen gibt es derzeit. Neben den notwendigen Verbindungen zu Inseln wie Fanø, Ærø oder Samsø sind vor allem die große Fahrtstrecken ersparenden Verbindungen zwischen Jütland und Seeland wichtig. Die wichtigsten sind Århus–Kalundborg und Ebeltoft–Odden. Leider können diese Verbindungen von Jahr zu Jahr wechseln, da sich eine aufgenommene Verbindung womöglich schnell als unrentabel herausstellt. Das Dänische Fremdenverkehrsamt veröffentlicht alljährlich eine aktuelle Übersicht. Ob Sie mit dem Auto oder mit dem Rad unterwegs sind, eine Fährfahrt gehört einfach zum Dänemark-Urlaub. **Fähren Deutschland–Dänemark:** Puttgarden–Rødby (45 Min.), Rostock–Gedser (105 Min.), Sassnitz/Rügen–Rønne/Bornholm (3,5 Std.), List/Sylt–Rømø (35 Min.)

Erlebe das Besondere mit MERIAN *live!*

Teneriffa · Seychellen · Singapur · Kos · San Francisco · Türkei Südküste · Namibia · Mexiko

Kub...

Bretagne · Cinque Terre · Marokko · Gardasee · Chalkidiki · Malediven · Dubai · Amsterdam

Bodensee · Berlin · Sylt · Fuerteventura · Barcelona · Sardinien · Toskana · Ägypten

Lissabon · Oslo · Kopenhagen · Andalusien · Dresden · Istrien · Dublin · Brüssel

Sizilien · Paris · Bangkok · Prag · Hamburg · Wien · London · Kreta

St. Petersburg · Istanbul · Sardinien · Mailand · Rom · Las Vegas · Madeira · Ostseeküste

München · Stockholm · New York · Korsika · Mallorca · Bayerischer Wald · Kroatien · Heidelberg

Leipzig · Rhodos · Piemont · Sevilla · Köln · Provence · Malta und Gozo · Südafrika

MERIAN
Die Lust am Reisen

WINDENERGIE

Auffällig sind die im ganzen Land zu sehenden modernen Windräder, Dänemarks Beitrag zu einer umweltfreundlichen Energiegewinnung. Natürlich erhält auch Dänemark seine Energie vorzugsweise aus Erdöl, aber die geografische Lage und die Struktur Dänemarks führten dazu, dass die Windenergie mittlerweile einen Anteil von stolzen 24 % verzeichnen kann, der künftig noch steigen soll. Der erste Windpark entstand übrigens 1985 in Ebeltoft. Im »Vindmøllepark« drehen sich mittlerweile 16 Räder im Wind, in ganz Dänemark sind es schätzungsweise über 1200 Windräder.

ZEITUNGEN UND ZEITSCHRIFTEN

Fünf Zeitungen prägen den dänischen Zeitungsmarkt, die Boulevardblätter »Ekstra Bladet« (liberal) und »B. T.« (konservativ) sowie die Abonnementszeitungen »Politiken« (liberal), »Jyllands-Posten« (konservativ) und »Berlingske Tidende« (konservativ). Deutsche überregionale Zeitungen erhält man im Sommer fast überall tagesaktuell, ebenso alle bekannteren Illustrierten und Wochenzeitungen. In der Nebensaison gibt es eine Auswahl in größeren Städten.

ZOLL

Reisende aus Deutschland und Österreich dürfen Waren abgabenfrei mit nach Hause nehmen, wenn diese für den privaten Gebrauch bestimmt sind. Bestimmte Richtmengen sollten jedoch nicht überschritten werden (z. B. 800 Zigaretten, 90 l Wein, 10 kg Kaffee). Weitere Auskünfte unter www.zoll.de und www.bmf.gv.at/zoll.

Reisende aus der Schweiz dürfen Waren im Wert von 300 SFr abgabenfrei mit nach Hause nehmen, wenn diese für den privaten Gebrauch bestimmt sind. Tabakwaren und Alkohol fallen nicht unter diese Wertgrenze und bleiben in bestimmten Mengen abgabenfrei (z. B. 200 Zigaretten, 2 l Wein). Weitere Auskünfte unter www.zoll.ch.

ENTFERNUNGEN (IN KM) ZWISCHEN WICHTIGEN ORTEN

	Grenå	København	Odense	Ringkøbing	Rødby	Skagen	Thisted	Tønder	Århus	Aalborg
Grenå	–	345	209	188	374	235	193	241	62	132
København	345	–	136	320	152	486	384	383	283	382
Odense	209	136	–	184	161	346	250	146	147	244
Ringkøbing	188	320	184	–	345	277	124	149	128	174
Rødby	374	152	161	345	–	508	412	308	309	405
Skagen	235	486	346	277	508	–	175	377	214	103
Thisted	193	384	250	124	412	175	–	253	172	96
Tønder	241	383	146	149	308	377	253	–	180	275
Århus	62	283	147	128	309	214	172	180	–	111
Aalborg	132	382	244	174	405	103	96	275	111	–

Kartenatlas

Maßstab 1:1 100 000

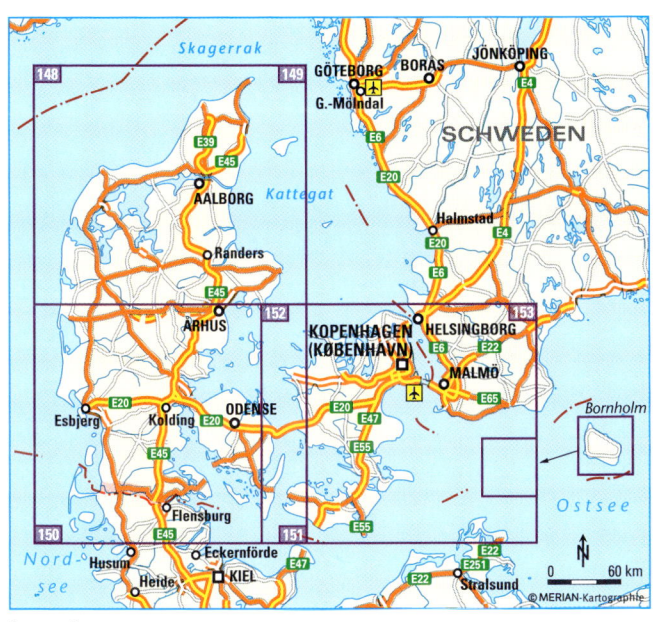

Legende

Routen und Touren

- ⊶➤ Auf dem Heerweg durch Jütland (S. 120) Start: S. 150, C8
- ⊶● Mit der Margerite durch Jütland (S. 122) Start: S. 150, C7
- ⊶● Mit dem Fahrrad rund um Fünen (S. 124) Start: S. 151, E7

Sehenswürdigkeiten

- 🔟 MERIAN-TopTen
- 🔟 MERIAN-Tipp
- ▢ Sehenswürdigkeit, öffentl. Gebäude
- ✳ Sehenswürdigkeit Kultur
- ✳ Sehenswürdigkeit Natur
- ♦ Kirche
- ⛪ Kloster, Klosterruine

Sehenswürdigkeiten ff.

- ♟ Schloss, Burg
- 🏛 Museum
- ⚲ Denkmal
- ⚐ Leuchtturm
- ✕ Windmühle
- ☀ Aussichtspunkt

Verkehr

- ━━ Autobahn
- ━━ Autobahnähnliche Straße
- ━━ Fernverkehrsstraße
- ━━ Hauptstraße
- ━━ Nebenstraße
- ━━ Unbefestigte Straße, Weg
- Ⓟ Parkmöglichkeit

Verkehr ff.

- **DSB** Bahnhof
- Ⓢ S-Bahn
- Ⓜ U-Bahn
- ✈ Flughafen
- ⊕ Flugplatz
- ⚓ Schiffsanleger

Sonstiges

- ℹ Information
- ♕ Theater
- ▣ Botschaft, Konsulat
- ▢ Naturparkgrenze
- ✝ ✝ ✝ Friedhof

Egersund Hangsund

Bergen

Torshavn

Newcastle

Harwich

Ijmuiden

N o r d s e e

S k a g e r r a k

Jammer

1

2

3

4

Bulbjerg · Svinkløv
Lild Strand · *47* Badehotel
Hanstholm · *Vigsø Bugt* · Vigsø · Vust · Fjerritslev · S
Ræhr · Hjardemål · Frøstrup · Kokke
Klitmøller · · 29 · Attr
Vester Vandet · Østerild · Vesløs · 11 · Aggersund
Skinnerup · · Løgstør
T h y · Thisted
Nørre Vorupør · Hamborg · 11 · *Thisted bredning* · *Limfjorden*
Stenbjerg · 26 · 13 · Sønder · *Livø* · Vilsted
Sundby · Dråby · *89* · *Fur* · **Vitskøl**
Ørum · Koldby · *Salgjerhøj* · Nykøbing · Nederby · **Kloster** · Trend
Agger · Vilerslev · *19* · Mors · Strandby · Far
Vestervig · *24* · **Jesperhus** · Glyngøre · Selde
Hurup · **Blomsterpark** · · Fovlum · **Hvalpsund**
Ydby · Karby · *M o r s* · *64* · *16* · Roslev · Vium · **Hessel** · Gedste
Thyborøn · Øster · **Højris** · Breum · *Lovns*
Assels · Rødding · *14* · Ørslevkloster · Ulb
Flovlev · *11* · **Spøttrup** · s i a n g · Sønder · *Bredning*
Vrist · Harboøre · *31* · Odby · *Kås Bredning* · Balling · Skive · Hald · Sundst
Klinkby · Nissumby · Lem · 26 · Højslev · **Lynder-**
Ferring · Lemvig · Humlum · *Venø* · Estvad · Stby · **upgård**
· **Bøvbjerg** · Resenstad · *Bugt* · Vinderup · **Frilands-** · **Kalkgruber** · *29*
Struer · **museum** · Sjørup
Bovlinghjerg · Sevel · **Stubber-** · 16 · **Hald**
· Bækmarksbro · Linde · *90* · **kloster** · Over · Grønhøj
Thorsminde · *15* · Skave · Feldborg · Frederiks · Den
· **Holstebro** · *52* · Haderup · *38* · Thorn
Sønder Nissum · **Nørre** · *Stora* · Over · 13 · Vinde
Husby · **Vosborg** · *43* · Tvis · Norre · Simmelkær · Ilskov · Kragel
Staby · Ulfborg · Felding · *32* · Aulum · Bording · Engesvang
16 · Tim · *111* · 18 · Kirkeby · *23* · Pårup
28 · Ørnhøj · Vildbjerg · Sunds · **Herning** · Ikast
Grønbjerg · · 15 · Engesvang
Søndervig · *H a r s y s s e l* · Havnstrup · Isenvad · 20
Ringkøbing · 15 · Videbæk · Lind · Rind · Fasterholt
Hvide Sande · Hjarm · *150* · **Kirke** · 18
Astrup · Troldhede

Oslo · Oslo · Oslo · Göteborg · Göteborg · Göteborg

1

angesund

Skagen

10 · Grenen · 5

Hulsig

Tannis Bugt

Råbjerg Mile

Hirtshals · Åbyen · Albæk · Ålbæk · Bugt

Bindslev · 43

Uggerby · Jerup

Hjørring · Bjergby · Mosberg

35 · Frederikshavn

17

Sønderskov · Understed

Børglum-kloster · Tårs

Løkken · Vrå · Hørby · Sæbygård · Sæby

Vester · Østerby Havn

Vrensted · Serritslev · Øster Vrå · Vesterø Havn

Fårup · Vester Hjermitslev · Jerslev · Rampen · Lyngså · Byrum · Læsø

Blokhus Saltum · Brønderslev · Dybvad · Voerså

Pandrup · Flauenskjold · Voergård Slot

Tylstrup · Knøsen · 136 · Agersted

Birkelse · Aabybro · Hjallerup · Aså

Gjøl · Lindholm Høje · Dronninglund · Gerå

Nibe · Nørresundby · Ulsted

Svenstrup · Vester Hassing · Hou

Øster Hornum · AALBORG · Storvorde · Hals

Ellidshøj · Gudumholm · Mou

Støvring · Mulbjerge · 48 · Dokkedal

Sønderup · Lille Vildmose

Skørping · Lyngby · Terndrup · Øster Hurup

Rold · Villestrup · Astrup

Nørlund · Als

Binderup · Vebbestrup · Vive · Visborggård

Nøragre · Valsgård · Hadsund · Mariager Fjord

Hobro · Mariager · Udbyneder

Fyrkat · Udbyhøj · Våsehuse

Handest · Gassum · Råby · Udby

Tjele · Hammershøj · Bjergby Spentrup · Mellerup · Bønnerup Strand · Sostrup

Fussingø Avlsgård · Støvringgård · Mejl-gård · Gjerrild

Ørum · Allingåbro · Fjellerup · Ørum · Voldby

Ulstrup · Randers · Gammel Estrup · 55 · 16 · Grenå

Bjerringbro · Alum · Fausing · Anning · Alsø

Langå · Clausholm · Hvilsager · Kolind · Trustrup · Balle

Houlbjerg · Øster · Voldum · Rosenholm · Rugård

Hadsten · Ødum · Hornslet · Rønde · Hyllested Skovgårde

Vejerslev · Haldum · Løgten · Tirstrup

Frijsenborg · 35 · Lystrup · Kalø Slot · Agri Bavnehøj · Elsegårde

Hammel · Sabro · Pokær Stenhus · 137 · Ebeltoft

Automobilmus. · Risskov · Mols · Fuglsø · Volden

Silkeborg · Lasby · Lasby Kro · ÅRHUS · Hjelm

Linå · 15 · 6 · 3

Himmelbjerget · 147 · Veng · Skåde · 151

Ry · Hørning · Marselisborg Slot · Ørby · Helgenæs

Them · Mossø · Skanderborg · Moesgård · Århus Bugt · Norsminde

0   30 km

© MERIAN-Kartographie

N

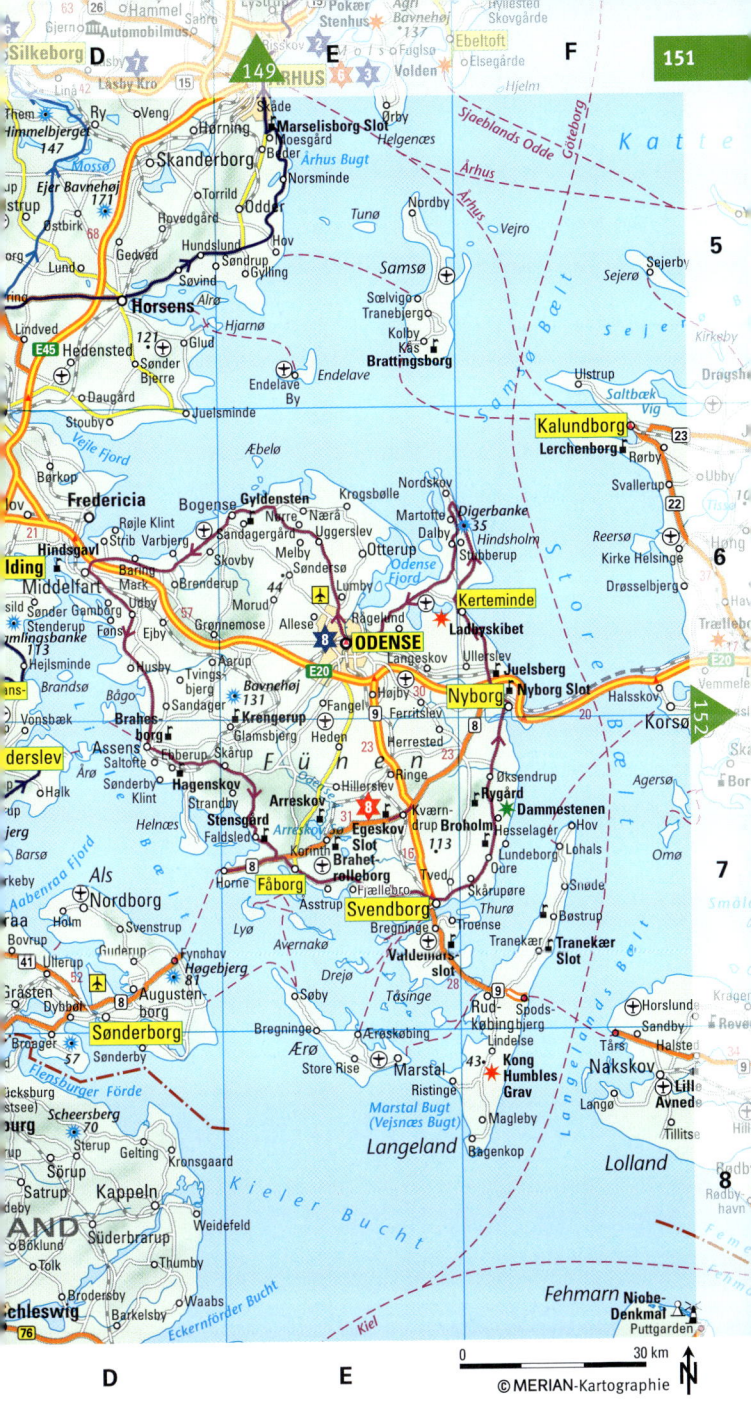

9

10

11

12

D   E

© MERIAN-Kartographie

0   30 km

Kartenregister

Aabenraa 150, C7
Aabybro 149, D2
Aalborg 149, D2
Aars 149, D3
Abbekås 153, F10
Arreskov ★ 151, E7
Assens 151, D7
Aså 149, E2
Augustenborg 151, D7
Auning 149, E4

Bagsværd 153, D9
Barsebäck 153, D9
Beddingestrand 153, E10
Beder 151, E5
Berritsgård ★ 152, B12
Billeberga 153, E9
Billund 150, C5
Bjerede 152, B10
Börringe 153, E10
Börringekloster ★ 153, E10
Bösjökloster ★ 153, E9
Bogense 151, E6
Borgeby ★ 153, E9
Borre 153, D11
Borreby ★ 152, B11
Borris 150, B5
Brahesborg ★ 151, D7
Brahetrolleborg ★ 151, E7
Bramming 150, B6
Brattingsborg ★ 151, E5
Brædstrup 151, D5
Bredevad 150, C7
Bredstedt 150, C8
Bregentved ★ 152, C10
Bregninge 151, E8
Brenderup 151, D6
Broager 151, D8
Brösarp 153, F9
Broholm ★ 151, F7
Byrum 149, F2
Brønderslev 149, D2
Bække 150, C6
Bønnerup Strand 149, F4
Børglumkloster ★ 149, D2
Børkop 151, D6
Bøstrup 151, F7

Charlottenlund 153, D9
Christiansfeld 150, C6
Christinehof ★ 153, F9
Clausholm ★ 149, E4

Dagebüll 150, B8
Dalby 151, E6
Dalby 152, C9
Dalby 153, E10
Dammestenen ★ 151, F7
Daugård 151, D5
Degeberga 153, F9
Dokkedal 149, E3
Dragsholm ★ 152, B9
Dragør 153, D10

Ebeltoft 149, E4
Egeskov Slot ★ 151, E7
Egtved 150, C6
Ejby 151, D6
Endelave By 151, E5
Engelsholm ★ 150, C5
Esbjerg 150, B6
Eslöv 153, E9
Estvad 148, C4

Fakse 152, C11
Faldsled 151, E7
Falster 152, B12
Falsterbo 153, D10
Farum 152, C9
Farsø 148, C3
Fasterholt 150, C5
Filskov 150, C5
Fjellerup 149, E4
Fjerritslev 148, C2
Flensburg 150, C8
Flovlev 148, B3
Foldingbro 150, C6
Fredensborg 153, D9
Fredericia 151, D6
Frederikshavn 149, E1
Frederikssund 152, C9
Frederiksværk ★ 152, C9
Frijsenborg ★ 149, D4
Fuglebjerg 152, B10
Fussingø Avlsgård ★ 149, D4
Fynshav 151, D7
Fyrkat ★ 149, D3
Førslev 152, C10
Fåborg 151, E7
Fårevejle 152, B9

Gammel Blåhøj 150, C5
Gammel Estrup ★ 149, E4
Gavnø ★ 152, B11
Gedser 152, C12
Gelting 151, D8
Gillhög ★ 153, D9
Gisselfeld ★ 152, C11
Give 150, C5
Gjern 149, D4
Gjerrild 149, F4
Gjorslev ★ 153, D10
Glostrup 153, D10
Glücksburg (Ostsee) 151, D8
Glyngøre 148, C3
Gram 150, C7
Gram Slot ★ 150, C6
Gredstedbro 150, B6
Grenå 149, F4
Grimstrup 150, B6
Grøn Jægers Høj ★ 152, C11
Grønbjerg 148, B4
Grønhøj 148, C4
Gråsten 151, D7
Gyldensten ★ 151, E6
Gylling 151, E5

Haderslev 150, C7
Hadsten 149, D4
Hadsund 149, E3
Hagenskov ★ 151, D7
Hald ★ 148, C4
Hald 148, C3
Halk 151, D7
Hals 149, E2
Hanstholm 148, B2
Harboore 148, A3
Havnstrup 148, B4
Heden 151, E7
Hedensted 151, D5
Hejlsminde 151, D6
Hellested 152, C10
Helsingborg 153, D9
Helsingør 153, D9
Henne Strand 150, A5
Herlev 153, D9
Herlufsholm ★ 152, B11
Herning 148, C4
Herrested 151, E7
Herrestrup 152, B9
Herrevadskloster ★ 153, E9
Hessel ★ 148, C3
Hillerslev 151, E7
Hillerød 152, C9
Hindsgavl ★ 151, D6
Hirtshals 149, D1
Hjerpsted 150, B7
Hjerting 150, A6
Hjørring 149, D1
Hodde 150, B6
Höllviksnäs 153, E10
Hörby 153, F9
Holbæk 152, B10
Holstebro 148, B4
Holsteinborg ★ 152, B11
Holte 153, D9
Horne 151, E7
Hornslet 149, E4
Horreby 152, C12
Horsens 151, D5
Hov 151, E5
Hovborg 150, C6
Hovedgård 151, D5
Hoven 150, B5
Humlebæk 153, D9
Hundested 152, C9
Hundslund 151, D5
Husby 151, D6
Husum 150, C8
Hvide Sande 150, A5
Højby 151, E6
Højby 152, B9
Højer 150, B7
Højmark 150, B5
Højris ★ 148, B3
Hørning 151, D5
Hørsholm 153, D9

Isenvad 150, C5
Ishøj 152, C10

Jelling 150, C5
Jerslev 149, E2
Jesperhus Blomsterpark ★ 148, B3
Juelsberg ★ 151, F6
Juelsminde 151, D6

Kävlinge 153, E9
Kalkgruber ★ 148, C4
Kalø Slot ★ 149, E4
Kalundborg 151, F6
Kalvehave 152, C11
Kappeln 151, D8
Karby 148, B3
Karrebæksminde 152, B11
Kastrup 150, C7
Kastrup 153, D10
Kerteminde 151, F6
Kjellerup 148, C4
Klagshamn 153, D10
Klanxbüll 150, B8
Klekkende Høj ★ 152, C11
Klintholm ★ 153, D11
Klovborg 150, C5
Knuthenborg ★ 152, B12
Kokkedal ★ 148, C2
Kolby Kås 151, E5
Koldby 148, B3
Kolding 150, C6
Kong Asgers Høj ★ 152, C11
Kong Humbles Grav ★ 151, F8
Kopenhagen (København) 153, D10
Korinth 151, E7
Korselitse ★ 152, C12
Korsør 151, F6
Kragenæs 152, B11
Krengerup ★ 151, E6
Krenkerup ★ 152, B12
Kristianstad 153, F9
Kruså 150, C8
Kulhuse 152, C9
Kågeröd 153, E9
Køge 152, C10
Køng 152, C11

Ladbyskibet ★ 151, E6
Lakolk 150, B7
Landskrona 153, D9
Langå 149, D4
Langø 151, F8
Lasby 149, D4
Legoland ★ 150, C5
Lerchenborg ★ 151, F6
Lild Strand 148, C2
Lille Avnede ★ 151, F8
Limhamn 153, D10
Linå 149, D4
Lind 150, C5
Linde 148, B4
Linderød 153, F9
Lindholm Høje ★ 149, D2
Liselund ★ 153, D11
List 150, B7
Löberöd 153, E9
Lövestad 153, F10
Lohals 151, F7
Lomma 153, E10
Lumby 151, E6
Lumsås 152, B9
Lund 151, D5
Lund 153, E9
Lundby 148, C3

Lunderskov 150, C6
Lungholm ★ 152, B12
Lynderupgård ★ 148, C3
Lyngså 149, E2
Lystrup 149, E4
Løjt Kirkeby 150, C7
Løgumkloster 150, C7
Løgstør 148, C2
Løkken 149, D1
Lønborg 150, B5
Løvenborg ★ 152, B10

Magleby 151, F8
Magleby 153, D11
Malmö 153, D12
Mariager 149, D3
Maribo 152, B12
Marielyst 152, C12
Marienborg ★ 152, C11
Marstal 151, E8
Marstrup 150, C7
Marsvinsholm ★ 153, F10
Mårsø 152, B9
Matteröd 153, E9
Mejlgård ★ 149, E4
Mellerup 149, E4
Middelfart 151, D6
Moesgård ★ 151, E5
Mosberg 149, E1
Møldrup 149, D3

Nakskov 151, F8
Nederby 148, C3
Neu Mukran 153, F12
Nibe 149, D2
Niebüll 150, B8
Nivå 153, D9
Nordborg 151, D7
Nordby 151, E5
Nordenskov 150, B6
Norderhafen 150, B8
Nordskov 151, E6
Norra Mellby 153, F9
Norra Rörum 153, E9
Norsminde 151, E5
Nyborg 151, F6
Nyborg Slot ★ 151, F7
Nybrostrand 153, F10
Nyby 152, C11
Nykøbing u Falster 152, C12
Nykøbing Mors 148, B3
Nykøbing S. 152, B9
Nymindegab 150, A5
Nysø ★ 152, C11
Nærå 151, E6
Næstved 152, B11
Nørlund ★ 149, D3
Nørre Havrvig 150, A5
Nørre Snede 150, C5
Nørre Vorupør 148, B2
Nørre Vosborg ★ 148, B4
Nørreby 152, B11
Nørresundby 149, D2

Odder 151, E5
Odense 151, E6
Oksby 150, A6
Orehoved 152, C10
Ortved 152, C10

Otterup 151, E6
Ovedskloster ★ 153, F9
Over Feldborg 148, C4
Over Simmelkær 148, C4

Padborg 150, C8
Pokær Stenhus ★ 149, E4

Rampen ★ 149, E2
Randers 149, D4
Rangstrup 150, C7
Rejsby 150, B7
Resenstad 148, B4
Reventlow ★ 152, B11
Ribe 150, B6
Rind Kirke ★ 150, C5
Rindby 150, B6
Ringkøbing 150, A5
Ringsted 152, B10
Risskov 149, E4
Ristinge 151, E8
Röddinge 153, F10
Rosenholm ★ 149, E4
Roskilde 152, C10
Roslev 148, C3
Rotes Kliff ★ 150, A7
Ruds-Vedby 152, B10
Rugård ★ 149, F4
Rungsted 153, D9
Ry 151, D5
Rygård ★ 151, F7
Ræhr 148, B2
Rødbyhavn 152, B12
Rødding 148, B3
Rødding 150, C6
Rødekro 150, C7
Rødvig 152, C11
Rømø Kirke ★ 150, B7
Rønde 149, E4
Råbjerg Mile ★ 149, E1
Råby 149, E3
Rågeleje 152, C9

Safaripark ★ 152, B12
Sagard 153, E12
Sassnitz 153, F12
Schleswig 151, D0
Schloss Spyker ★ 153, F12
Sejerby 151, F5
Selde 148, C3
Selsø ★ 152, C9
Silkeborg 149, D4
Sjöbo 153, F10
Sjørup 148, C4
Skabersjö ★ 153, E10
Skagen 149, E1
Skanderborg 151, D5
Skarhult ★ 153, E9
Skave 148, B4
Skælskør 152, B11
Skærbæk 150, B7
Skånesdjurpark ★ 153, E9
Skåde 153, E5
Skårup 151, F7
Skivarp 153, F10
Skive 148, C3
Skjodenæsholm ★ 152, C10

Slagelse 152, B10
Slangerup 152, C9
Smedstorp 153, F10
Sövdeborg ★ 153, F10
Sofiero ★ 153, D9
Solrød Strand 152, C10
Sorø 152, B10
Sostrup ★ 149, F4
Spandet 150, B7
Sparresholm ★ 152, C11
Spodsbjerg 151, F7
Spøttrup ★ 148, B3
Staffanstorp 153, E10
Stavning 150, B5
Stege 152, C11
Stensgård ★ 151, E7
Stepping 150, C6
Store Damme 152, C11
Store Rise 151, E8
Storvorde 149, E2
Støvring 149, D3
Støvringgård ★ 149, E4
Strib 151, D6
Struer 148, B4
Stubbekøbing 152, C12
Stubberkloster ★ 148, C4
Süderlügum 150, B8
Sundstrup 148, C3
Svaneholm ★ 153, E10
Svendborg 151, E7
Svenstorp ★ 153, E9
Svenstrup 149, D2
Svinninge 152, B9
Sæbygård ★ 149, E2
Søby 151, E7
Søgård 150, C7
Sønder Dråby 148, B3
Sønder Felding 150, B5
Sønderborg 151, D7
Sønderby 151, D8
Sønderho 150, B6
Søndersø 151, E6
Sønderup 149, D3
Sælvigo 151, E5

Tappernøje 152, C11
Tarm 150, B5
Them 151, D5
Thisted 148, B2
Thyborøn 148, A3
Tillitse 151, F8
Tinglev 150, C7
Tisvildeleje 152, C9
Tjele ★ 149, D4
Tollarp 153, F9
Torbenfeld ★ 152, B10
Torsebro 153, F9
Torup ★ 153, E10
Tranekær 151, F7
Tranekær Slot ★ 151, F7
Trelleborg 153, E10
Troldhede 150, B5
Trollenäs ★ 153, E9
Trælleborg ★ 152, B10
Tønder 150, B7
Tårnby 153, D10
Tårs 151, F8

Ubby 152, B10
Udby 149, E3

Ulsted 149, E2
Ulstrup ★ 149, D4
Understed 149, E1

Vätteryd ★ 153, F9
Valdemarsslot ★ 151, E7
Vallåkra 153, D9
Vallø ★ 152, C10
Varde 150, B6
Veberöd 153, E10
Vejers Strand 150, A6
Vejle 151, D6
Vemmelev 152, B10
Vemmetofte ★ 152, C11
Veng 151, D5
Vesterby 152, B11
Vesterø Havn 149, F2
Viborg 148, C4
Videbæk 150, B5
Vig 152, B9
Villestrup ★ 149, D3
Vinderup 148, B4
Visborggård ★ 149, E3
Vitskøl Kloster ★ 148, C3
Vitte 153, E12
Voergård Slot ★ 149, E2
Vojens 150, C7
Vonge 150, C5
Vonsbæk 151, D7
Vonsild 150, C6
Vordingborg 152, C11
Vrams Gunnarstorp ★ 153, E9

Weidefeld 151, D8
Westerland 150, A7
Wiek 153, E12
Wittdün 150, A8
Wyk 150, B8

Ydby 148, B3
Yderby 152, B9
Ystad 153, F10

Ærøskøbing 151, E8

Ødsted 150, C6
Ølgod 150, B5
Ørby 151, E5
Ørnhøj 148, B4
Ørslev 152, B10
Ørslevkloster ★ 148, C3
Ørum 148, B3
Øster Højst 150, C7
Øster Hurup 149, E3
Øster Lindet 150, C6
Øster Vrå 149, E2
Østerby Havn 149, F2
Östraby 153, F9

Åbyen 149, D1
Ålholm Slot ★ 152, B12
Århus 149, E4
Årre 150, B6

Zeichenerklärung
★ Sehenswürdigkeit

Orts- und Sachregister

Wird ein Begriff mehrfach aufgeführt, verweist die **fett** gedruckte Zahl auf die Hauptnennung, eine *kursive* Zahl auf ein Foto.
Abkürzungen:
Hotel [H]
Restaurant [R]

Aalborg 63
Aalborg Tårnet [Aalborg] 64
Aalto, Alvar 64
Adler-Olsen, Jussi *102*, 103
Admiral Hotel [H, Kopenhagen] 49
Alexander III., Zar 37
Alexander Newskij Kirke [Kopenhagen] 37
Alkohol 17
Allinge [Bornholm] 111
Almindingen [Bornholm] 111
Als 86, **87**
Amalienborg Slot [Kopenhagen] **37**, 41, 48
Ancher, Anna 67, 74
Ancher, Michael 67, 74
Anders Granhøj på Torvet [R, 98
Andersen, Hans Christian 40, 43, 44, 79, 91, 92, 93, 94, **124**
Andersen, Martin 113
Anderup 125
Angeln 29
Anreise 138
Anreise mit dem Auto 138
Anreise mit dem Fahrrad 139
Anreise mit dem Flugzeug 139
Anreise mit dem Schiff 138
Anreise mit dem Zug 138
Antiquitäten [Kopenhagen] 52
Apotheken 141
AQUA – Ferskvands Akvarium & Museum [Silkeborg] 75
Arbejdermuseet [Kopenhagen] 45
ARoS [Århus, MERIAN-TopTen] 4, **68**, *71*
Asklev 121
Askov 120
Assens 125
Assistens Kirkegård 40
Atlantic [H, Århus] 70
Auf einen Blick 130
Augustenborg [Als] 87
Auning 122
Ausflüge 118, 120, 122, 124, 126
Auskunft 139
Ausverkauf 23
Auto 105

Automobil Museum Ålholm [Lolland] 105

Bagenkop [Langeland] 99
Bakkegård Rideskole [Langeland] 30
Baltic Sea Glass [Gudhjem/Bornholm] 117
Bang, Jens 63
Bangsbo-Museum [Frederikshavn] 65
Banken 102
Række 120
Belli, Trine 72
Besser [Samsø] 74
Bevölkerung 130
Bier 17
Billund **81**, 122
Biom [R, Kopenhagen] **19**, *21*, 51
Bistro Boheme [R, Kopenhagen] *14*, 51
Blædel, Sara 103
Blauzahn, Harald [König] 82
Blicheregnens Museum [Thorning] 121
Blixen, Karen 57
Bogense 125
Bogø [Møn] 108
Bogtrykkemuseet [Silkeborg] 77
Bohr, Niels 40
Bon-Bon-Land [Næstved] 58
Bonn-Kopenhagener Erklärung 89
Borbjerg Mølle Kro [R, Holstebro] 79
Bornholm 4, 31, **110**, 126
Bornholms Brand Park [MERIAN-Tipp] 113
Bornholms Kunstmuseum [Helligdommen, Bornholm] 114
Bornholms Vinforsyning [Åkirkeby/Bornholm] 117
Botanischer Garten/ Botanisk Have [Kopenhagen] 40
Botanisk Have/Botanischer Garten [Kopenhagen] 40
Brandts Klædefabrik [Odense, MERIAN-Tipp] 91, **94**, *95*
Brasserie Belli [R, Århus] 71
Brasseriet Klitgaard [R, Odense] 94
Broholm 124
Brygger Bauers Grotter

[R, Viborg] 120
Bryggeriet Apollo [R, Kopenhagen] 51
Buchtipps 139
Bundgaard, Anders 42
Børsen/Börse 40

Café Burgruine Hammershus [R, Kopenhagen] 126
Café Nanas Stue [R, Fanø] 78
Café Sommersko [R, Kopenhagen, MERIAN-Tipp] *50*, 51
Campingplätze **13**, 75
Carl Nielsen Museum [Odense] 92
Carstens, Georg 45
Christensen, Godtfred 82
Christensen, Ole Kirk 81
Christian I., König 88
Christian II., König 86
Christian III., König 86
Christian IV., König 40, 42, **44**, 56, 88, 99
Christian IX., König 37, 89
Christian IX's Palæ [Kopenhagen] 40
Christian V. 44
Christian VIII., König 78
Christian VII's Palæ [Kopenhagen] 40
Christians Kirke [Kopenhagen] 42
Christiansborg Slot [Kopenhagen] 40
Christiansfeld **87**, 122
Christiansø [Ertholmene/Bornholm] 112
Circus Belli [Århus] 72
City Hotel Odense [H, Odense] 84
City Hotels 13
Classic Hotels 13
Czarens Hus [R, Nykøbing u Falster] 107

Dahlerup, Vilhelm 48
Damgard Mølle 120
Damsbo 125
Dänische Romantiker 92
Dänisches Geschichtsmuseum [Hillerød] 84
Danmarks Videnskabshistoriske Museum/ Steno Museum [Århus] 70
Dansk Design Center [Kopenhagen] 45

Dansk Jødisk Museum [Kopenhagen] 46
David, C. L. 46
Davids Samling [Kopenhagen] 46
Davidsen, Leif 103
Davidsen, Oscar 15
Den Blå Café [R, Kolding] 81
Den Gamle Arrest [H, Ribe] 84
Den Gamle By [Århus] 67, *73*
Den Geografiske Have [Kolding] 81
Den Hirschsprungske Samling [Kopenhagen] 47
Den Lille Havfrue [R, Snogebæk/ Bornholm] 116
Den Lille Havfrue/Die kleine Meerjungfrau [Kopenhagen] 43, 44
Den Tilsandede Kirke [Skagen] 64
Der Mensch am Meer/ Mennesket vd Havet [Esbjerg] 77, 79
Det kongelige Teater & Operahus/Königliches Theater- und Opernhaus [Kopenhagen] 43
Di 5 ståuerna [R, Rønne/Bornholm] 116
Die kleine Meerjungfrau/ Den Lille Havfrue [Kopenhagen] 43, 44, 48
Diplomatische Vertretungen 140
Dollerup Bakker 121
Dom [Århus] **68**, 70
Dom [Ribe] 84
Domkirke [Roskilde, MERIAN-TopTen] 4, **60**
Drachmann, Holger 67, 115
Dronningestolen/ Königinnenstuhl [Møn] 109
Dueodde [Bornholm] 111, **112**
Duus Vinkjælder [R, Aalborg] 65
Dybbøl 86, 88
Dybbøl Mølle [Sønderborg] 86
Døndalen [Bornholm] 111

Ebeltoft 72
Egeskov Slot [Svendborg, MERIAN-TopTen] *90*, 97
Egholm, Elsebeth 103
Einkaufen **22**, 52, 72
Einwohner 130
Eisenbahn 60
Eisenbahnmuseum [Odense] 92
Ekkotal/Echotal [Bornholm] 111

Elling-Mädchen [Silkeborg] 76
Elmelunde Kirche [Møn] *107*, 108
Elmelunde-Meister 108
Energiemuseet [Tange] 33
Erbseninseln/Ertholmene [Bornholm] 112
Erichsen, Vilhelmine 115
Erichsens Gård 115
Eriksen, Edvard 44
Erlandsen, Jacob 113
Ertholmene/Erbseninseln [Bornholm] 112
Esbjerg 76
Essen und Trinken 14

Faaborg Arrest [Fåborg/Fünen] 98
Fahrrad Fahren 29, 105
Fahrradtaxi [Kopenhagen] *128/129*
Fakse 55, **58**
Falsled Kro [Millinge/Fåborg] 99
Falster *28*, 29, 31, *104*, **106**
Familientipps 32
Fanø 77
Fanø Flisesamling [Fanø] 78
Fanø Skibsfart – og Draktsamling [Fanø] 78
Faxe Bryggerie [Fakse] 58
Feiertage 140
Fejø 105
Femø 105
Feodorovna, Maria 37
Ferienhäuser 13
Feste und Events 24
Fischerei- und Seefahrtsmuseum/Fiskeri- og Søfartsmuseet [Silkeborg] 77
Fiskeri- og Søfartsmuseet/Fischerei- und Seefahrtsmuseum [Silkeborg] 77
Fjællebro 124
Fjord- & Bæltcentret [Kerteminde] 96
FKK 140
Fläche 130
Flakhaven [R, Odense] 95
Flaschenschiffsammlung [Ærøskøbing/Ærø] 100
Flensburg 88, 89, 120
Folketing/Parlament [Kopenhagen] 40
Forhistorisk Museum Moesgard [Århus] 70
Frauenmuseum [Århus] 67, 70
Fredericia 83
Frederik II., König 56
Frederik III. 44
Frederik IX., König 85
Frederik VII., König 89
Frederik VIII's Palæ [Kopenhagen] 40

Frederiks Kirke/Marmorkirke [Kopenhagen] 42
Frederiksborg Slot [Hillerød] *54*, 56
Frederikshavn **65**, 123
Frederiksø [Ertholmene/Bornholm] 112
Fregatte »Jylland« [Ebeltoft] 72
Friedrich VI., König 93
Frokost 15
Frøslev 120
Frühstück 15
Fuglsang Kunstmuseum [Nysted/Lolland] 106
Funder Kirkeby 121
Fünen und südfünische Inseln 29, 31, **90**, *118/119*, 124
Fünenmaler 92
Fur 66
Fyns Hoved 125
Fyns Kunstmuseum [Odense] 92
Færch, Tabakfabrik [Holstebro] 78
Føns 125
Fåborg [Fünen] 91, **98**, 125
Fåborg Museum [Fåborg/Fünen] 99
Fårup Sommerland [Saltum] *32*, 33

Gabelbart, Sven [König] 58
Gamborg 125
Gammel Mønt [R, Kopenhagen] 51
Gefion Springvand [Kopenhagen] 42
Gejl Å 120
Gejlå 122
Geld 140
Geografie 92
Geschäfte 23
Geschichte 132
Getränke 16
Givskud Zoo [Givskud] 33, **82**
Glasmuseet/Glasmuseum [Ebeltoft] 72
Glavendrupstein 125
Glockenspielturm [Løgumkloster] 85
Golf 30
Gorm, König 82
Græsholm [Ertholmene/Bornholm] 112
Grand Hotel [H, Odense] 94
Granhøj, Anders 98
Grauballemann [Århus] 67, 70
Grenen [Skagen, MERIAN-TopTen] 67
Große, Peter der [Zar] 107
grüner reisen 18
Gudenå **75**, 121
Guderup [Als] 87
Gudhjem [Bornholm] 112, *112*
Gut Wedellsborg 125

Gyldensten 125
Gyngen [R, Århus] **20**, 72

H. C. Andersen Museum/H. C. Andersen Hus [Odense] 91, **93**
H. C. Andersens Barndomshjem [Odense] 92
Haderslev **87**, 122
Haderslev Dam [Haderslev] 87
Hadsund 123
Hafenrundfahrt [Esbjerg] 76
Hahn, Jørgen 78
Haithabu 84
Hald Sø 121
Halskov Vænge [Falster] 106
Hammershus [Bornholm, MERIAN-TopTen] **113**, *115*, 126
Hannes Hus [Fanø] 78
Hansen, Svend Wiig 77, *79*
Harnbjerg 87
Hasle [Bornholm] 127
Hasle Røgeri [R, Hasle, Bornholm] **117**, 126
Heerweg [Jütland] 120, *121*
Heiligtumsklippen/Helligdomsklipperne [Bornholm] 113
Hejlsminde 122
Helligdomsklipperne/Heiligtumsklippen [Bornholm] 113
Helligpeder [Bornholm] *110*, 127
Helsingør 55
Henrik, Prinz 40
Hesselet [H, Nyborg] 97
Hessellagergård 124
Hillerød 56
Himmelbjerg 74
Hindsholm 125
Hirschsprung, Heinrich 47
Historiecenter Dybbøl Banke [Sønderborg] 86
Hjejlen [Silkeborg, MERIAN-Tipp] **74**, 75
Hjemsted Oltidspark [Ribe] 84
Hjordkær 120
Hochland [Silkeborg] 74
Hochseeangeln 29
Holberg, Ludvig 43
Holckenhavn Slot [Nyborg] 96
Holm, Gretelise 103
Holmens Kirke [Kopenhagen] 42
Holmshus Stendysser 120
Holst, Kirsten 103
Holstebro 78
Holstebro Museum/Kunstmuseum [Holstebro] 78
Holstein [Herzogtum] 88

Hopballe Mølle [R, Jelling] 122
Horne [Fünen] 91, **99**, 125
Horsens 122
Horsens 122
Hotel Cab Inn Scandinavia [H, Kopenhagen] 50
Hotel City [H, Kopenhagen] 50
Hotel Dagmar [H, Ribe] 84
Hotel Danmark [H, Kopenhagen] 50
Hotel Fredensborg [H, Rønne/Bornholm] 116
Hotel Guldsmelden [H, Århus] **19**, 70
Hotel Siemens Gaard [H, Svaneke/Bornholm] 116
Hotels 13
Hov [Langeland] 99
Humlebæk 56
Hvilsager 122
Hærulfsten 120
Højerup [Stevns Klint] 58
Høm, Poul 114
Høst, Oluf 112, 114, **116**

Ibsens Hotel [H, Kopenhagen] 50
Ida Davidson [R, Kopenhagen] 15, *17*, **51**
Idstedt 88
Illums Bolighus [Kopenhagen] 51
Im Fokus: Dänen und Deutsche 88
Im Fokus: Mit Smørrebrød und Pistole 102
Innenstadt [Randers] 73
Internet 130, **140**

Jacobsen, Arne 49
Jacobsen, Carl 44, 47
Jacobsen, Ottilia 47
Jakobson, Peter 100
Jazzfestival [Kopenhagen, MERIAN-Tipp] *24*, 25
Jazzfestivals 26
Jelling **82**, 121
Jels 120
Jens Bangs Stenhus [Aalborg] 63
Jensen, Georg 52
Jensen, Jens Christian 103
Jensen, Peter L. 107
Jernbanemuseet [Odense] **33**, 94
Johannes Larsen Museet [Kerteminde] 96
Jomfru Ana Gade [Aalborg] 64
Jons Kapel [Bornholm] 127
Jorn, Asger 48, **75**
Josef Kunstpavillonen [Silkeborg] 77
Juel, Niels 100

Jütland *12*, **63**, 122
Jütland [Strände Ost-
küste] 31
Jütland [Strände West-
küste] 31
Jyllands Akvariet [Thy-
borøn] 80

Kajak 30
Kaleko Mølle [Odense]
124
Kalundborg 61
Kanu **30**, 75
Karen Blixen Museet
[Rungsted] 57
Karneval 25
Kassenzettel 102
Katharina I., Zarin 45
Kaufhäuser 23
Kaufhausketten 23
Kerteminde **96**, 125
Kieler Landtag 89
Kierkegaard, Søren 40
Klebæk Høje 120
Kleidung 141
Klemensker [Bornholm]
126
Klintholm Havn [Møn]
108, 109, *109*
Knuthenborg Safaripark
[Maribo/Lolland] 105
Koch [R, Århus] 71
Koch, Jesper 71
Koch, Michael 71
Kochschulen 102
Kolding **80**, 122
Koldingfjord [H, Kolding]
81
Koldingfjord [Kolding]
81
Koldinghus [Kolding] 81
Koldinghus Museum
[Kolding] 81
Kolkjær [H, Frøstrup] 19
Kong Arthur [H, Kopen-
hagen] **19**, 50
Kong Hans Kælder [R,
Kopenhagen] 50
Kongeå [Kolding] 88
Kongemindet [Born-
holm] 111
Kongens Have/König-
licher Garten [Kopen-
hagen] 48
Königinnenstuhl/Dron-
ningestolen [Møn]
109
Königlicher Garten/
Kongens Have
[Kopenhagen] 48
Kopenhagen *36*, *37*
Kopenhagen Jazzfestival
[Kopenhagen,
MERIAN-Tipp] 24, 25
Kragelund 121
Krankenhaus 141
Krankenversicherung
141
Kreidefelsen [Møn] 108
Kriminalromane 102
Krimi-Serien 102
Kronborg Slot [Helsin-
gør, MERIAN-TopTen]
4, **55**
Krøyer, P. S. 67

Kulinarisches Lexikon
136
Kulturhistorie Tønder
[Tønder] 86
Kulturhistorisk Museum
[Randers] 74
Kunsten [Aalborg] 64
Kunstindustrimuseet
[Kopenhagen] 47
Kunstmuseet Køge
Skitssamling [Køge]
61
Kunstmuseet Trapholt
[Kolding] *80*, 81
Küstenfischerei 29
Kustmuseum [Randers]
74
Kvindemuseet [Århus]
70
Kyst til Kyst Stien 21
Kystcentret [Thyborøn]
80
Købke, Christian 40, 47,
48
Køge 61
Køge Museum [Køge] 61

Ladby Schiff [Kerte-
minde] 96
Ladenöffnungszeiten 23
Lage 92
Lalandia [Lolland] 105
Landgasthöfe 13
Langeland 29, 91, **99**
Larsen, Johannes 48, **96**,
99, 125
Latinerkvarter [Århus]
23, 72
Lauenburg [Herzogtum]
88
Le Port [R, Vang, Born-
holm] **117**, 126
Le Sommelier [R, Kopen-
hagen] 51
Lebensmittelläden 23
L'Education Nationale
[R, Kopenhagen] 51
Legoland [Billund,
MERIAN-TopTen] 4,
33, 77, **82**, 122
Leihwagen 106
Lenz, Siegfried 15
Leonora Christina 113
Levetzau Palæ [Kopen-
hagen] 40
Lille Vildmose [Stor-
vorde, Dokkedal] 21
Limfjord 63
Lindholm Høje [Aalborg]
63
Liseleje [Seeland]
10/11
Liselund [Møn] 109
Livø [H, Limfjord] 19
Lohals [Langeland] 99
Lolland 29, 31, **104**
Louisiana Museum
[Humlebæk, MERIAN-
TopTen] 4, **56**, *57*
Lundeborg 125
Lysabild [Als] 87
Løgumkloster 85
Løgumkloster Refugium
[H, Løgumkloster] 85
Løkken 65

Låsby Kro [R, Låsby,
MERIAN-Tipp] 75

Malling og Schmidt
[Risskov, MERIAN-
Tipp] **16**, 71
Margarete I., Königin 60
Margeritenroute [Jüt-
land] 122, 143
Margrethe II., Königin 40
Mariager 123
Maribo [Lolland] 105
Marielyst [Falster] 106
Marienkirche/Vor Frue
Kirke [Kalundborg] 61
Marienlyst [H, Helsingør]
56
Marmorkirke/Frederiks
Kirke [Kopenhagen]
42
Marselis [H, Århus] 71
Marselisborg Slot Og
Park [Århus] 68
Marstal [Æro] 29
Marstal Sofartsmuseum
[Marstal/Æro] 100
Medizinische Versor-
gung 141
Meldgaard Heste [Farsø]
30
Mennesket vd Havet/
Der Mensch am Meer
[Esbjerg] 77, *79*
Middelaldercentret
[Nykøbing u Falster]
106
Middelfart 125
Mittagessen 15
Mittelalterfestival 27
Mittsommer/Sonn-
wende 25
Moesgård 122
Mors 66, 123
Mortens Kro [R, Aalborg]
64, *65*
Motorcykel-og Radio-
museum 107
Mueck, Ron 71
Munk, Kaj 105
Museet på Sønder-
borg Slot [Sønder-
borg] 86
Museum Jorn [Silkeborg]
75
Museumsbanen
[Maribo/Lolland] 106
Møgeltønder 123
Møgeltønder [Tønder]
85
Møller, Mærsk McKinney
44
Mølvang 121
Møn 29, 31, 104, **108**
Møns Klint [MERIAN-
TopTen] *34/35*, 108
Mårup Kirke 66, **67**

Nakskov [Lolland] 105
Nationalfeiertag 130
Nationalmuseet [Kopen-
hagen] **47**, 48
Naturama [Svendborg]
97, *98*
Nebenkosten 141
Nerdby [Samsø] 74

Nexø, Martin Andersen
40, **114**
Nielsen, Carl 92
Nielsen, Kai 48, 99
Noma [R, Kopenhagen]
4, 16, **51**
Nordborg [Als] 87
Nordby [Fanø] 77
Nordby Kirche [Fanø] 78
Nordic Walking 29
Notruf 141
Ny Carlsberg Glyptotek
[Kopenhagen] *46*, 47
Nyborg [Fünen] **91**, 96,
125
Nyborg Slot [Nyborg] 97
Nyhavn [Kopenhagen]
36, 48
Nyker [Bornholm] 126
Nykøbing Mors [Mors]
66
Nykøbing u Falster 106
Nyord [MERIAN-Tipp]
108
Nysted [Lolland] 106
Næstved 55, **57**
Nørre Snede 121

Odense [Fünen] 91
Odense Zoo [Odense] 92
Oehlenschläger, Adam
43
Öffentliche Verkehrs-
mittel 106
Öffnungszeiten 103
Olsker [Bornholm] 126,
127
Olskirke [Bornholm]
114, 126
Oluf Høst Museum
[Gudhjem/Bornholm]
112, 114, **116**

Padborg 120
Paradieshügel/Paradis-
bakkerne [Bornholm]
113
Paradisbakkerne/Paradi
eshügel [Bornholm]
113
Pedersen, Carl-Henning
84
Pensionen 13
Politik 131
Post 141
Povlsbro 120

Quartier Latin [Århus]
67, 70

Radisson SAS Limfjord
Hotel [H, Aalborg] 64
Radisson SAS Royal
Hotel [H, Kopen-
hagen] 49
Rand, Bitte Kai 52
Randers **73**, 122
Randers Regnskov
[Randers] 33, **73**
Reisedokumente 141
Reiseknigge 141
Reisepraktisches von
A–Z 138
Reisewetter 142
Reiten 30

Religion 131
Restaurant Målet [R, Odense] 124
Restaurant Noma [R, Kopenhagen] 51
Restaurants 15
Restaurationen [R, Kopenhagen] 51
Ribe 78, *83*, **84**
Ribes Vikinger [Ribe] 84
Ringkøbing 123
Ringreiten 26, **86**
Ringreiterfest [Sønderborg] 86
Ripley's Believe it or Not! [Kopenhagen] 47
Ristinge [Langeland] 99
Riz Raz [R, Kopenhagen] 52
Rockfestival [Roskilde] 26, *27*
Rold Skov 123
Romantik Hotel 71 Nyhavn [H, Kopenhagen] 49
Rosdahls [R, Aalborg] 64
Rosenborg Slot [Kopenhagen] 44
Rosengårdcentret [Odense] 95
Rosenholm Slot/Schloss Rosenholm [Århus] **68**, 122
Roskilde 55, **59**
Roskildefjord 61
Royal Copenhagen [Porzellan] 53
Rubjerk Knude [Løkken] 66
Rudkøbing [Langeland] 29, **99**
Rudolf Mathis [R, Kerteminde] 96
Runder Turm/Rundetårn [Kopenhagen] 45
Rundetårn/Runder Turm [Kopenhagen] 45
Rundkirchen [Horne] 99
Rundkirchen [Bornholm] **114**, 115
Rungsted 56
Rygård 125
Rytterknægten [Bornholm] 111
Rødby [Lolland] 105
Rødbyhavn [Lolland] 105
Røgle Klint 125
Rømer, Hans 111
Rømø 85
Rønne [Bornholm] **114**, 126
Rønne Teater [Rønne] 114
Råbjerg Mile [Skagen] 67
Rådhus [Århus] **68**, 70

Sæby 123
Sagnlandet Lejre [Lejre] *60*, 61
Saly, Jacques François Joseph 40
Samsø 74
Sandvig [Bornholm] 111

Sankt Hans Aften 25
Scheelsminde [H, Aalborg] 64
Scherfig, Hans 40
Schleswig [Herzogtum] 88
Schloss Ålholm [Lolland] 105
Schloss Amalienborg [Kopenhagen] 37, *41*
Schloss Christiansborg [Kopenhagen] 40
Schloss Frederiksborg [Hillerød] *54*, 56
Schloss Nyborg [Nyborg] 97
Schloss Rosenholm/ Rosenholm Slot [Århus] **68**, 122
Seefahrtsmuseum [Helsingør] 56
Seeland 31, **54**
Shakespeare, William 55
Silkeborg 29, 63, **75**
Silkeborg Museum [Silkeborg] 75
Silkeborger Seenplatte 63
Skagen 67
Skagenmaler 67
Skagens Museum [Skagen] 67
Skamby Kirke 125
Skovgaard, Joachim 40
Skovgaard, P. C. 40
Skt. Clemens Kirke [Nykøbing/Mors] 66
Skt. Hans Kirke [Slagelse] 58
Skt. Knuds Kirche [Odense] 92
Skt. Peders Kirche [Slagelse] 58
Slagelse 58
Slagter, Jens 20
Sneglehuset [Thyborøn] 80
Snogebæk Hotelpension [H, Snogebæk/Bornholm] 116
Soupanatural [R, Kopenhagen] **19**, 52
Spodsbjerg [Langeland] 99
Sport und Strände 28
Sprache 131
Sprachführer Dänisch 134
Staatsform 130
Staatsoberhaupt 130
St. Nikolai-Kirche [Rønne] 114
Stærmose [Boderne/ Bornholm] 117
Starup Kirke [Haderslev] 87
Statens Museum for Kunst [Kopenhagen] 47, *48*
Stege [Møn] 109
Steno Museum/Danmarks Videnskabshistoriske Museum [Århus] 70
Stevns Klint 55, **58**

Strände 31
Strøget [Kopenhagen] 37, 48, *130*
Stromspannung 104
Stubbekøbing 107
Stubberup 125
Sturmflutsäule [Ribe] 84
Stutteri Bækgård [Skanderborg] 30
Sult [R, Kopenhagen] 52
Svaneke [Bornholm] 112, **114**
Svendborg [Fünen] 29, 91, **97**, 124
Svinkløv Badehotel [Svinkløv, MERIAN-Tipp] 13
Syberg, Fritz 48, 99
Søby [Ærø] 100
Søfarts- og Marinemuseum [Aalborg] 64
Sønderborg 62, 86, *87*
Sønderho [Fanø] 77
Sønderho Kro [R, Fanø] 78
Sønne, Jorgen 89

Tat [Ertholmene/Bornholm] 112
Taufsteine [Jelling] 121, 122, *123*
Teglkås 127
Telefon 142
Thisted 123
Thorning 121
Thorvaldsen, Bertel 48
Thorvaldsens Museum [Kopenhagen] 48
Thyborøn 79
Thyra, Königin 82
Tiere 142
Tietgen, C. F. 42
Tivoli [Kopenhagen, MERIAN-TopTen] 4, 33, **45**
Tivoli Friheden [Århus] 68
Tollundmann [Silkeborg] 75, *76*
Touren 118, *120*, *122*, 124, 126
Tranebjerg [Samsø] 74
Trelleborg [Hejninge] 58
Trinkgeld 142
Turéll, Dan 102
Tønder **85**, 89, 123
Tønderhus [H, Tønder] 86
Tørskind grusgrav 121
Tåsinge 99

Übernachten 12
Ulrich, Lars 79
Ulvshale [Naturschutzgebiet, Møn] 108, 109
Under Lindetræt [R, Odense] 94
Urnehoved 120

Valdemar, Sohn König Christian IV. 100
Valdemars Slot [Tåsinge] **99**, 124

Vandtårnet [Silkeborg] 77
Vejen 120
Vejlefjord 83
Verkehr 143
Verwaltung 130
Vesterskær [Erthol- mene/Bornholm] 112
Veteranjernbane [Randers] 74
Viborg 121, 122
Vikingecenter Fyrkat [Århus] **68**
Vikingeskibshallen im Wikingerschiffsmuseum [Roskilde] *59*, 61
Vikinge Museum [Århus] 70
Vindebæk [Møn] 108
Vojens 120
Volden [Århus, MERIAN-Tipp] 23
Vor Frelsers Kirke [Kopenhagen] 45
Vor Frue Kirke/Marienkirche [Kalundborg] 61
Vordingborg 55
Vordrup Klint [Ærø] 100
Vorwahlen 142
Votivschiffe 92

Wikingerfestspiele [Frederikssund] 25
Wikingerfestspiele [Jels] 26
Wikingermuseum [Roskilde] *59*, 61
Windenergie 104
Windmühlenpark [Ebeltoft] *72*, 146
Windsurfen 30
Wirtschaft 131
Wissenswertes über Dänemark 128

Ydes Hotel [H, Odense] 84
Ymer-Brunnen [Fåborg/Fünen] 98

Zahrtmann, Kristian 114
Zeitschriften 146
Zeitungen 146
Zoll 146

Ærø 4, 29, 91, **100**
Ærø Museum [Ærøskøbing] 100
Ærøskøbing [Ærø] 91, **100**

Øresund 56
Øster Nykirke 121
Østerby 125
Østerskær [Ertholmene/Bornholm] 112

Åbenrå 122
Århus 4, *66*, **67**, 122

Liebe Leserinnen und Leser,
vielen Dank, dass Sie sich für einen Titel aus unserer Reihe MERIAN *live!* entschieden haben. Wir freuen uns, Ihre Meinung zu diesem Reiseführer zu erfahren. Bitte schreiben Sie uns an merian-live@travel-house-media.de, wenn Sie Berichtigungen und Ergänzungen haben – und natürlich auch, wenn Ihnen etwas ganz besonders gefällt.

Alle Angaben in diesem Reiseführer sind gewissenhaft geprüft. Preise, Öffnungszeiten usw. können sich aber schnell ändern. Für eventuelle Fehler übernimmt der Verlag keine Haftung.

© 2012 TRAVEL HOUSE MEDIA
   GmbH, München
MERIAN ist eine eingetragene Marke der GANSKE VERLAGSGRUPPE.

1. Auflage

Alle Rechte vorbehalten. Nachdruck, auch auszugsweise, sowie die Verbreitung durch Film, Funk, Fernsehen und Internet, durch fotomechanische Wiedergabe, Tonträger und Datenverarbeitungssysteme jeglicher Art nur mit schriftlicher Genehmigung des Verlages.

**BEI INTERESSE AN DIGITALEN DATEN
AUS DER MERIAN-KARTOGRAPHIE:**

kartographie@travel-house-media.de

**BEI INTERESSE AN
ANZEIGENSCHALTUNG:**

KV Kommunalverlag GmbH & Co KG
MediaCenterMünchen
Tel. 0 89/92 80 96 44
winzer@kommunal-verlag.de

TRAVEL HOUSE MEDIA
Postfach 86 03 66
81630 München
merian-live@travel-house-media.de
www.merian.de

PROGRAMMLEITUNG
Dr. Stefan Rieß
REDAKTION
Simone Lucke
LEKTORAT
Rosemarie Elsner
BILDREDAKTION
Anna Hoene/Simone Lucke
SCHLUSSREDAKTION
Gisela Wunderskirchner
SATZ
Nadine Thiel | kreativsatz
REIHENGESTALTUNG
Independent Medien Design,
Elke Irnstetter, Mathias Frisch
KARTEN
Gecko-Publishing GmbH
für MERIAN-Kartographie
**DRUCK UND BUCHBINDERISCHE
VERARBEITUNG**
Stürtz Mediendienstleistungen, Würzburg
GEDRUCKT AUF
Eurobulk von der Papier Union

Ein Unternehmen der
GANSKE VERLAGSGRUPPE

MIX
Papier aus verantwor-
tungsvollen Quellen
FSC® C043954